익투스
ICHTHUS

ICHTHUS
by Sinclair B. Ferguson and Derek W. H. Thomas

Copyright ⓒ 2015 by Sinclair B. Ferguson and Derek W.H. Thomas
Originally published in English under the title
Ichthus by Sinclair B. Ferguson and Derek W. H. Thomas
by THE BANNER OF TRUTH TRUST, 3 Murrayfield Road, Edinburgh EH12 6EL, UK
P.O. Box 621, Carlistle, PA 17103, USA
All rights reserved.

Translated and used by permission of the The Banner of Truth Trust
through arrangement of rMaeng2, Seoul, Republic of Korea.

This Korean Edition Copyright ⓒ 2016 by Word of Life Press, Seoul, Republic of Korea.

이 한국어판의 저작권은 알맹2 에이전시를 통하여
The Banner of Truth Trust사와 독점 계약한 생명의말씀사에 있습니다.
신저작권법에 의하여 한국 내에서 보호받는 저작물이므로
무단 전재와 무단 복제를 금합니다.

익투스

ⓒ 생명의말씀사 2016

2016년 11월 18일 1판 1쇄 발행

펴낸이 | 김재권
펴낸곳 | 생명의말씀사

등록 | 1962. 1. 10. No.300-1962-1
주소 | 서울시 종로구 경희궁1길 5-9(03176)
전화 | 02)738-6555(본사) · 02)3159-7979(영업)
팩스 | 02)739-3824(본사) · 080-022-8585(영업)

기획편집 | 임선희
디자인 | 조현진
인쇄 | 영진문원
제본 | 정문바인텍

ISBN 978-89-04-03160-3 (03230)

저작권자의 허락없이 이 책의 일부 또는 전체를
무단 복제, 전재, 발췌하면 저작권법에 의해 처벌을 받습니다.

익투스
ICHTHUS

예수를 바로 알고 구주로 고백하기까지

예수 그리스도

하나님의 아들

구주

싱클레어 퍼거슨 &
데릭 토마스 지음
구지원 옮김

생명의말씀사

전임자이자 친구인
존 리처드 드 위트에게
그리고
격려자였던
제인 엡스 드 위트를 추억하며
이 책을 드립니다.

목차

시작하는 글   그리스도인이 되는 것은 '그리스도를 아는 것'이다   08

1. 구유 — 성육신   15
"이 말씀은 곧 하나님이시니라" | 성부와 성자의 친밀한 관계 | '여호와의 증인'들의 주장 | 육신의 베일에 싸인 신성 | '천상의 기쁨에서 이 세상으로' | 진짜 육신, 거룩한 육신 | 은혜 위에 은혜

2. 요단강 — 세례   39
철저한 회개의 때 | 자기 백성의 죄악을 담당하는 자 | 위대한 교환 | '새로운 창조'의 표지 | "너는 내 아들이다!" | 우리를 위한 순종

3. 광야 — 시험   57
착시에서 벗어나라 | 예수님이 공격자다 | 사탄의 관심 | 돌로 떡을 만드는 것이 왜 시험일까? | 떡과 말씀 사이에서 | 잃어버린 세계 | 십자가 없는 회복? | 종의 사명 vs 아들의 권리 | '인용'의 탈을 쓴 '왜곡' | 영광으로 가는 길

4. 변화산 — 변모   83
잊을 수 없는 사건 | 세 명의 목격자 | "광채가 나더라" | 모세와 엘리야의 등장 | 제자들의 반응 | 오직 예수 | 겸손케 된 자의 흔적

5. 겟세마네동산 — 결단　　　　　　　　　　99

점진적 지식, 점진적 순종 ｜ 커져가는 그림자 ｜ "고민하고 슬퍼하셨다" ｜ 지성과 감정의 고통 ｜ 순종의 부르짖음 ｜ 하나님의 진노의 때 ｜ "반드시 승리하시리로다"

6. 십자가 — 수난　　　　　　　　　　　119

재판, 또 재판 ｜ 할렐루야! 오, 구주시여! ｜ 수치와 조롱을 당하시며 ｜ 영광을 위한 고난 ｜ 수치의 언덕, 골고다 ｜ 왜 죄 없이 십자가에 달리셨는가? ｜ "나를 대신하여" ｜ 위대한 희생제사

7. 무덤 — 부활　　　　　　　　　　　　147

"주님이 살아나셨습니다!" ｜ 역사를 의심하는 시대 ｜ 아무도 예상하지 못했다 ｜ 요한의 실수? ｜ 목격자들의 진술 ｜ 믿을 수밖에 없는 증거들 ｜ 약속이 실현되고 있다 ｜ 부활이 없으면 신약성경도 없다 ｜ 승리의 표적 ｜ 왕의 사면장 ｜ 장엄한 회복의 시작

8. 보좌 — 승천　　　　　　　　　　　　177

승천이 왜 중요할까? ｜ 하늘과 땅의 모든 권세 ｜ 영광의 구름 ｜ 크리스투스 빅토르 ｜ 그리스도가 주님이시다! ｜ 우리를 위한 중보 ｜ 또 다른 조력자, 보혜사 ｜ '다시 오심'의 전조

9. 귀환 — 재림　　　　　　　　　　　　199

데살로니가교회의 질문 ｜ 날짜에 집착하지 마라 ｜ '다시 오심'에 관한 7가지 원리

익투스　　　　　　　　　　　　　　　　224
주　　　　　　　　　　　　　　　　　　228

시작하는 글

그리스도인이 되는 것은
'그리스도를 아는 것'이다

익투스('ΙΧΘΥΣ). 책 제목으로는 매우 이상해 보이겠지만, **익투스**라는 말을 접할 기회는 많았을 것 같다. 이 단어는 물고기를 뜻하는 헬라어다. 자동차 범퍼나 브로치, 혹은 포스터 같은 데서 **익투스**를 본 적이 있을 것이다.

익투스는 기독교 신앙을 의미하는 고대의 상징이기도 하다. 막대기로 땅에 그린 간단한 기호인데, 그것을 그리는 사람이 곧 그리스도인임을 뜻했다.

이 상징이 어떻게 기독교와 관련을 맺게 되었을까? 예수님의 첫 제자 네 명이 어부였기 때문일까? 그럴 수도 있다. 하지만 더 확실한 이유는 **익투스**에 사용된 다섯 개의 헬라어 알파벳이 "예수 그리스도는 하나님의 아들이요 구주시다."라는 신앙고백의 첫 글자였기 때문이다. 즉 이 기호를 그리는 것은 "나는 그리스도인입니다."라고 말하는 것과 같았다.

신약성경에 의하면, 그리스도인이 되는 것은 '그리스도를 아는 것'이다(빌 3:8). 어떻게 그리스도를 알 수 있을까? 사실 우리가 그분에 대해 알 수 있는 믿을 만한 정보원은 신약성경뿐이다. 그래서 이 책의 목적은 예수님의 정체성인 신약성경의 기록을 연구하는 것이다.

이 일을 위해 우리는 그분의 생애와 사역 중 9개의 결정적인 순간을 살

펴볼 것이다. 그 순간들이 신약성경에 일련의 점을 찍을 것이고, 그 점들이 이어지고 예수님의 초상화가 되어 그분의 정체성과 사역의 의미를 보여줄 것이다. 그리고 그것이 결국 초기 그리스도인들이 그랬던 것처럼, 우리가 예수님을 구주와 주님으로 믿도록 도와줄 것이다.

익투스는 모두를 위한 책이다. 이 책이 우리 주인에 대해 가르쳐주는 내용이 신자들에게 도움이 되기를 소망한다. 한편으로는 신자가 아닌(아직은 아닌) 사람들도 이 책을 읽게 되기를 소망한다. 왜냐하면 적어도 예수님이 누구이시고 무슨 주장을 하셨는지에 관해 모두가 알아야 하기 때문이다. 그분에 대해 아무것도 모르면서 그분을 거절하는 건 정직하지 못하다.[1]

다른 책들처럼 이 책에도 탄생비화가 있다. 이 책의 저자인 우리 두 사람은 40년 친구로 서로를 알고 지냈다. 우리의 삶은 평행선을 달려왔다. 두 사람 모두 켈트족(한 명은 웨일즈인, 한 명은 스코틀랜드인)이다. 영국에서 목회 사역을 했다(한 명은 북아일랜드에서, 한 명은 스코틀랜드에서다). 둘 다 신학대학원에서 가르치기 위해 미국으로 건너왔다(한 명은 잭슨, 미시시피, 애틀랜타에서, 한 명은 필라델피아와 댈러스에서였다).

40년간 우리는 만나고 편지를 주고받았으며 다양한 컨퍼런스에서 함께 연설했다. 여러 가지 방식으로 서로를 지지하고 격려해왔다. 그러다

2011-2013년까지 잊지 못할 2년 동안, 우리는 사우스캐롤라이나주 컬럼비아에 있는 제일장로교회에서 같은 성도들을 함께 섬기는 예기치 못한 특권을 누렸다. 한 명에게는 사역의 마지막 2년이었고, 한 명에게는 첫 2년이었다. 그들은 우리를 훌륭히 맞아주고 그들 삶의 일부로 받아주었다.

그 모든 것이 이 책으로 통한다. 함께 사역했던 마지막 몇 주 동안 우리는 두 가지를 표현하고 싶었다. 하나는 목회의 연속성이었고, 다른 하나는 우리 사역의 중심성이었다. 그래서 그리스도의 생애와 사역의 클라이맥스에 대한 주해 시리즈를 강의했다. 이때 했던 주해의 골자를 하나의 매체(우리가 잘 알고 사랑하는 사람들에게 강의한 말)에서 책이라는 전혀 다른 매체(우리가 모르는 사람들을 위해 쓴 글)로 바꾸어놓았다. 어떤 면에서 **익투스**는 주해 이상의 책이다.

이 책을 만들면서 우리는 많은 사람에게 빚을 졌다. 특히 녹취록을 작성해준 패트리샤 윌슨 박사에게 감사한다. 아내인 도로시와 로즈마리에게는 우리의 지지자요 베스트 프렌드로서 그들이 해준 모든 일에 갚을 수 없는 빚을 지고 있다.

컬럼비아에 있는 제일장로교회 성도들에게는 갑절의 빚을 졌다. 우리

두 사람에게 담임목사로 섬길 수 있는 특권을 준 것, 그리고 우리 인생에서 잊지 못할 시기에 우리가 함께 섬기는 아주 특별한 특권을 준 것에 감사한다.

  주일 저녁 제일장로교회의 강단에 서서 간절한 예배자요 경청자로 가득한 예배당을 바라볼 때마다 항상 그 자리를 지켜준, 우리의 뛰어난 전임자 존 리처드 드 위트 박사를 찾을 수 있었다. 예수님은 "한 사람이 심고 다른 사람이 거둔다 하는 말이 옳도다"(요 4:37), "뿌리는 자와 거두는 자가 함께 즐거워하게 하려 함이라"(요 4:36) 말씀하셨다. 이것은 우리가 목회사역을 하면서 드 위트 박사의 뒤를 따르며 경험한 바다. 그런 이유로 이 책을 그분의 아내 제인을 추억하며 드 위트 박사에게 바친다.

싱클레어 퍼거슨(Sinclair B. Ferguson),
데릭 토마스(Derek W. H. Thomas)

ʼΙΧΘΥΣ (익투스)

Ἰησοῦς (예수스) = 예수
Χριστός (크리스토스) = 그리스도
Θεοῦ (데우) = 하나님의
Υἱός (휘오스) = 아들
Σωτήρ (소테르) = 구주

"말씀이 육신이 되어 우리 가운데 거하시매 우리가 그의 영광을 보니
아버지의 독생자의 영광이요 은혜와 진리가 충만하더라" 요 1:14

1. 구유 — 성육신

마구간에 계신 이 누구인가?
누구의 발 앞에 목자들이 엎드렸는가?

주님이시다! 오 놀라운 이야기여!
주님이시다! 영광의 왕이시다!
그 발 앞에 겸손히 엎드리네.
왕으로 모시세, 만유의 주를 왕으로 모시세.

요 1:1-18[1]

태초에 말씀이 계시니라 이 말씀이 하나님과 함께 계셨으니 이 말씀은 곧 하나님이시니라
그가 태초에 하나님과 함께 계셨고 만물이 그로 말미암아 지은 바 되었으니
지은 것이 하나도 그가 없이는 된 것이 없느니라
그 안에 생명이 있었으니 이 생명은 사람들의 빛이라
빛이 어둠에 비치되 어둠이 깨닫지 못하더라
하나님께로부터 보내심을 받은 사람이 있으니 그의 이름은 요한이라
그가 증언하러 왔으니 곧 빛에 대하여 증언하고 모든 사람이 자기로 말미암아 믿게 하려 함이라
그는 이 빛이 아니요 이 빛에 대하여 증언하러 온 자라
참빛 곧 세상에 와서 각 사람에게 비추는 빛이 있었나니
그가 세상에 계셨으며 세상은 그로 말미암아 지은 바 되었으되 세상이 그를 알지 못하였고
자기 땅에 오매 자기 백성이 영접하지 아니하였으나
영접하는 자 곧 그 이름을 믿는 자들에게는 하나님의 자녀가 되는 권세를 주셨으니
이는 혈통으로나 육정으로나 사람의 뜻으로 나지 아니하고 오직 하나님께로부터 난 자들이니라
말씀이 육신이 되어 우리 가운데 거하시매 우리가 그의 영광을 보니
아버지의 독생자의 영광이요 은혜와 진리가 충만하더라
요한이 그에 대하여 증언하여 외쳐 이르되
내가 전에 말하기를 내 뒤에 오시는 이가 나보다 앞선 것은
나보다 먼저 계심이라 한 것이 이 사람을 가리킴이라 하니라
우리가 다 그의 충만한 데서 받으니 은혜 위에 은혜러라
율법은 모세로 말미암아 주어진 것이요 은혜와 진리는 예수 그리스도로 말미암아 온 것이라
본래 하나님을 본 사람이 없으되 아버지 품속에 있는 독생하신 하나님이 나타내셨느니라

익투스 : 예수는 그리스도시요, 하나님의 아들이시며, 구주이시다.

이러한 예수님의 정체성은 요한복음을 여는 장엄한 서곡에 언급되고 암시되어 있다. 그리스도의 인격과 사역을 떠올리면서 먼저 '물고기'라는 단어를 생각했다면 네 번째 복음서인 요한복음을 제대로 이해한 것이다.

하나님의 아들이 이 세상에 오신 의미를 웅장하고도 거대하게 보여주는 이 복음서의 저자가 사도 요한이라는 사실에는 아무도 이의를 제기하지 않는다.

복음서의 저자들은 자기만의 특별한 청중이 있었고, 그들을 위해 예수님에 관한 이야기와 메시지를 기록했다. 그렇게 복음서의 저자들이 함께 어우러져 예수님의 훌륭한 초상화를 그려낸다. 그중 요한복음에는 특유의 무언가가 있다. 요한복음은 우리를 예수님의 머리와 가슴으로 데려다준다. 이야기가 펼쳐질수록 우리는 예수님을 점점 더 깊이 이해하게 된다.

존 칼빈은 그것을 다음과 같이 인상적으로 설명했다. "복음서의 저자들이 모두 그리스도를 보여준다는 같은 목표를 갖기 때문에, (이런 식의 표현이 허락된다면) 처음 세 개는 그리스도의 몸을 보여주고 요한은 그리스도의 영혼을 보여준다."[2]

요한의 문학적 재능은 서문에서부터 눈에 띈다. 복음이 무엇인지 아는 사람이라면 그가 전하고 있는 '말씀'이 예수님이라는 사실을 즉시 깨닫는다. 그럼에도 요한은 거의 막바지에 이를 때까지 예수님의 이름을 부르지 않다가 17절에서야 밝힌다. 그제야 우리의 추측을 확증해준다. 그러나 요한이 처음부터 말해온 대상은 줄곧 예수님이었다.

요한복음의 이 부분은 유독 크리스마스 시즌에만 언급되는 경향이 있다. 하지만 '크리스마스 메시지'를 1년 내내 생각해야 할 좋은 이유가 있다! 이 특별한 말씀을 읽을 때 우리는 반드시 '생각'해야 한다. 요한은 우리가 과연 도달할 수 있을지 확신할 수 없던 장소로 우리를 데려가고 있다. 우리의 가슴과 머리에 경외와 감탄을 가져다주는 것은 바로 예수님의 인격과 사역의 완전한 깊이를 발견하는 경험이다. 그렇게 될 때 우리는 많은 그리스도인이 그랬던 것처럼 노래하기 시작한다.

크신 위엄을 그분께 돌려라. 만유의 주를 왕으로 모셔라.[3]

"이 말씀은 곧 하나님이시니라"

요한은 예수 그리스도를 **하나님의 말씀**으로 묘사한다. "태초에 말씀이 계시니라."

왜 **인격**을 **말씀**으로 묘사한 것일까?

헬라어 **로고스**(logos, 말)가 고대에 매우 일반적인 개념을 나타냈기 때문일 수 있다. **로고스**는 말을 의미했을 뿐 아니라 우주의 통합 요소인 이성을 의미하기도 했다. 온 세상과 생명을 아우르는 관점이 이 개념을 중심으로 수립되어 있었다.

그럼에도 요한은 이 용어를 이해할 때 자기가 살던 세속 사회의 문화와 철학이 아닌 성경에 기반을 두었다.

요한이 예수님을 말씀으로 묘사한 것에서 보게 되는 첫 번째 사실은 그가 예수님을 신적 본성을 가진 분으로 인정한다는 것이다.

복음서 저자 중 세 명이 예수님의 초림을 기록했다. 그런데 출발점이 다 다르다.

- 마태는 아브라함에서 시작한다.
- 누가는 세례요한의 부모로부터 시작한다.
- 요한은 영원으로 시작한다.

요한은 다른 복음서들을 잘 알고 있었을 것이다. 다른 저자들의 말에 전적으로 동의했을 것이다. 하지만 그는 우리를 좀 더 오래되고 근원적이고 깊고 신비한 출발점으로 데려가고 싶어 한다. 아브라함을 넘어, 심지어 아담을 넘어 히브리어 성경의 첫 단어인 "태초"로 나아간다(창 1:1). 우리에게 예수님이 진정 누구이신지를 이해시키기 위해 구약성경을 여는 단어들로부터 이야기를 시작한다.

예수님이 하나님의 말씀이라는 설명은 창세기 1장의 깔끔한 요약이다. 창세기 1장은 예수님이 창조사역에 깊이 연루되었다고 말해준다. 때문에 창세기 1장을 읽다보면 심장 박동을 느끼지 않을 수 없다. 본래의 의도대로 소리 내어 읽으면 더욱 그렇다.

우리는 하나님의 말씀으로 만물이 생겨났다는 말을 거듭 듣는다.[4] 하나님이 하신 모든 말씀은 "좋은" 것을 창조했고, 그 결과 모든 피조물은 **심히 좋았다.**

그런데 요한은 우리에게 "예수님은 하나님이 사용하신 그 말씀이다"라고 말해주고 있다. 즉 예수님으로 말미암아 만물이 창조되었다.

이것은 예수님을 친밀하게 알던 사람의 주장이다. 최후의 만찬에서 그는 예수님께 기댈 수 있을 만큼 가까이 앉았다(요 13:23-25). 흥미롭게도(어쩌면 고의적으로) 요한은 유일하게 딱 한 곳에서만 똑같은 표현을 사용한다. 바로 말씀과 성부 하나님 사이의 관계를 묘사한 "아버지 품속에 있는 독생하신 하나님"이다(요 1:18).

이 개념은 친밀한 관계를 나타낸다. 요한의 주장은 결코 낯선 사람의 주장이 아니다. 누구보다 예수님을 잘 알았던 그는 예수님이 육체의 연약함과 유연함을 입고 오신 하나님의 아들이심을 믿었다. 즉 예수님의 오심은 단순한 출생이 아닌 **성육신**이었다.

동시에 요한은 우리가 창조를 이해할 수 있도록 돕는다. 창세기 1장에 묘사된 하나님의 창조 선언은 단순한 소리가 아니었다. 그 말씀은 (지금도 그러하신 것처럼) 하나의 인격이셨다! 전체적인 창조 질서는 인격적인 기초를 갖는다. 다시 말해 창조를 가능케 한 것은 일시적인 힘이 아니라 하나님의 영원하신 아들이셨다.

"이 말씀은 곧 하나님이시니라"라는 진술은 우리가 만물을 생각하는 방식에 엄청난 결론을 가져온다. 곧 우리의 세상이 우주적 우발 사건, 즉 '우연'의 결과가 아님을 의미한다. 어떤 것이 무(無)로부터 나오는 게 어떻게 가능한지를 설명한다. 인격적인 존재가 비인격적인 것으로부터 나오지 않았음을 확증한다.

이와 같이 모든 일의 배후에 인격이 계시다. 우리는 우주 안에서 혼자가 아니며, 거대한 '시계태엽 오렌지'(과학에 의해 개성을 잃고 로봇화된 사람을 뜻함-역주) 안에 수감되어 있지도 않다. 태초에 말씀이 계셨기 때문이다.

요한은 이 말씀이 "곧 하나님이시니라"고 말한다. 그렇다면 그분은 "태초에" 계셨다. 그런데 그 이상의 진실이 있다.

말씀은 "하나님과 함께" 계셨고, 그분은 "하나님과 함께 계신 하나님"이셨다. 대체 이게 무슨 뜻일까?

무엇보다 그것은 다른 방법으로 설명할 수 없는 구약성경의 진술들을 설명해준다. 예를 들어 창세기 1장의 후반부를 보면, 하나님께서 말씀만으로 만물을 존재하게 하신 것과 달리, 남자와 여자를 창조하실 땐 그들을 창조의 최고봉으로 삼으시겠다는 '머리말'이 있다. 즉 하나님은 그분의 형상을 따라 그분의 모양대로 사람을 만드셨다. 단순히 그렇게 하기로 결정하신 것이 아니다. 하나님이신 말씀과의 신비로운 협의를 거쳐 그렇게 하셨다. "우리가 사람을 만들고"(창 1:26).

성부와 성자의 친밀한 관계

요한은 이러한 상황을 "이 말씀이 하나님과 함께 계셨다"는 말로 설명한다. 전치사 '-와 함께'는 헬라어 **프로스**(pros)를 번역한 것으로 '-을 향하여'라는 뜻이다. 즉 말씀이 일반적인 의미로 단순히 하나님과 **함께** 계셨을 뿐 아니라, 하나님을 **향하여** 계셨다. 쉽게 말해 말씀은 하나님께 자신을 드렸다. 어느 주석가의 말처럼 그분은 '하나님과 얼굴을 맞대어' 계셨다.

구약시대의 백성들은 하나님을 보면 살아남을 수 없다고 배웠다. 일식(日蝕)을 보는 것만으로도 눈에 손상을 입는 것이 사람인데, 태양을 창조하시고 모든 일식을 주관하시는 하나님의 무한한 영광을 어떻게 직접 바라볼 수 있겠는가!

하지만 예외가 있다. 하나님의 독생자는 가능하시다. 요한이 여기서 무엇을 말하려 했든, 그가 강조하는 것은 성자 하나님과 성부 하나님의 친밀한 관계다. 즉 두 분은 서로를 바라보신다!

단언컨대 이 부분은 신약성경 전체에서 가장 심오한 진술이다. 어떻게 감히 그 깊이를 잴 수 있겠는가!

우리가 우리의 이해와 설명의 한계를 넘는 사실들을 이해할 수 있도록 하나님은 우리 삶에 비유를 심어놓으셨다. 덕분에 신약성경은 우리가 그리스도의 사랑을 알 수 있다고 가르친다. 비록 그 사랑이 지식에 넘칠지라도 말이다(엡 3:18). 이것이 가능한 이유는 우리가 하나님의 형상대로 창조되었기 때문이다(창 1:26-28). 즉 그분의 삶은 우리 삶 안에 축소된 방식으로 반영되어 있다.

이를테면 하나님은 인간을 남자와 여자로 만드셨다.

남자는 여자와 '사랑에 빠진다.' 남자는 미처 존재하는지조차 몰랐던 그녀와의 친밀함을 경험한다. 남자는 여자에게 자신을 주고, 동시에 여자 안에서, 그리고 여자를 통해 자신을 발견한다.

장애물이 사라진다. 남자는 여자의 눈을 들여다보고 여자와 '얼굴을 맞대고' 싶어 한다. 남자는 그녀에게, 그녀 안에서, 그녀에 의해 영원히 만족할 수 있다고 느낀다.

어떤가? 이러한 상황은 잠깐의 엿보기, 곧 하늘 아버지께서 우리에게 주신 암시 아닌가? 이것은 하늘 아버지와 그 아들 간에 무엇이 완벽하고 무한하고 영원한 진리인지를 보여주는 힌트이자 메아리다.

이 관계의 친밀함을 묘사한 뒤, 요한은 우리를 훨씬 더 설레는 단계로 데려간다. 하나님과 '얼굴을 맞대어' 계셨던 말씀이 우리와 '얼굴을 맞대러' 오셨다. 다시 말해 그분이 우리 세계에 들어오셨다. 인간의 조건이라는 현실로 말이다.

그래서 요한은 예수님에 대해 다음과 같이 중요한 주장을 한다.

- 그분은 완전한 신적 위격이시다.
- 그분은 태초에 계셨다.
- 그분은 하나님과 '얼굴을 맞대어' 계셨다.

그리고 간략하게 덧붙인다. "이 말씀은 곧 하나님이시니라." "태초에 말씀이 계시니라 이 말씀이 하나님과 함께 계셨으니 이 말씀은 곧 하나님이시니라"(요 1:1).

'여호와의 증인'들의 주장

'여호와의 증인'을 만날 때가 있다. 대문 앞에서, 혹은 기차나 버스에서 말을 걸어오는 경우다. 우리가 그리스도인이라는 것을 알게 되는 순간 그들은 요한복음 1장의 이 단어들이 오역된 것이라고 우긴다. 전통적으로 그들은 요한복음 1장 1절이 예수님을 '하나님'이 아니라 '신'('a god', 혹은 'divine')으로 묘사했을 뿐이라고 주장해왔다. 즉 요한의 말은 우리가 생각하는 것과 다른 의미라는 것이다.

그들의 주장에는 다음과 같은 특징이 있다. 요한복음 1장 1절의 헬라어 본문에는 **데오스**(theos) 앞에 정관사(the)가 없다. 따라서 여기에 나오는 **데오스**는 '하나님'이 아니라 '신'을 의미한다는 것이다.[5]

그렇다면 우리는 이것을 어떻게 생각해야 할까? 요한복음 1장 1절에 있는 **데오스**에 정말로 정관사가 빠져 있다면?[6]

몇 가지를 생각해볼 수 있다. 첫째, 뒤따르는 구절에서도 **데오스**는 정관사 없이 등장한다. "하나님께로부터 보내심을 받은 사람이 있으니 그의 이름은 요한이라"(요 1:6). "영접하는 자 곧 그 이름을 믿는 자들에게는 하나님의 자녀가 되는 권세를 주셨으니"(요 1:12). 하지만 두 구절 모두 유일하고 참되신, 살아계신 하나님을 가리키는 것이 확실하다.

둘째, 헬라어를 포함한 많은 언어에서 한정 명사, 특히 그것이 제목을 표현할 때는 정관사 없이 등장할 수 있다.

예를 들어 만약 2015년에 "엘리자베스는 영국의 여왕이다."라고 말한다면, "엘리자베스는 영국의 그(the) 여왕이다."라는 말과 같은 뜻이다. 그녀가 동시대의 여러 여왕 중 한 명이라든지 진짜 여왕에 못 미친다는 뜻이 아니다!

이렇게 한정적 의미를 가진 부정 명사의 예가 요한복음 1장 뒷부분에도 나온다. 나다나엘이 예수님께 말한다. "당신은 이스라엘의 임금(basileus, 바실레우스)이로소이다"(49절). 이 구절에는 "임금"이라는 단어 앞에 정관사가 없다(헬라어로는 '호'(ho)다. 영어의 'the'에 해당한다). 하지만 문맥상 나다나엘이 "당신은 이스라엘의 그 임금이로소이다."를 의미한 게 확실하다. 실제로 나다나엘의 말은 예수님이 참된 왕이시라는 뜻이었다.

셋째, 단어의 의미는 언제나 그 단어가 등장하는 문맥에서 해석되는 것이지 문법적인 형태만으로 결정되지 않는다. 요한복음에서는 문맥상 "이 말씀은 하나님이셨다(하나님이시다)."를 의미할 수밖에 없다. 왜냐하면 요한은 성경에서 오직 하나님께만 속하는 속성과 행위를 말씀에게 돌리고 있기 때문이다.

"만물이 그로 말미암아 지은 바 되었으니
지은 것이 하나도 그가 없이는 된 것이 없느니라"(요 1:3).
"세상은 그로 말미암아 지은 바 되었으되…
(그가) 하나님의 자녀가 되는 권세를 주셨으니"(10-12절).

말씀은 피조물의 질서에 속하지 않으신다. 그분은 창조되지 않았다. 그분은 하나님 편에 계시지 피조물 편에 계시지 않는다(이것이 바로 그분의 성육신이 놀라운 이유다). 그분에게는 우리를 하나님의 가족으로 불러들일 권세가 있으시다.

넷째, 요한복음의 큰 그림 역시 이것을 강조한다. 예수님은 성부 하나님과의 연합을 주장하신다. "나와 아버지는 하나이니라"(만약 사실이 아니라면 신성모독이 되는 진술이다).[7] "나를 본 자는 아버지를 보았거늘"(요 14:9).

다섯째, 요한복음의 클라이맥스는 도마의 유명한 고백 "나의 주님이시요 나의 하나님이시니이다"에서 발견된다.[8] 심지어 '여호와의 증인'들이 사용하는 '신세계역'조차 헬라어 본문을 이렇게 번역할 수밖에 없다('하나님' [God]의 첫 글자를 대문자 G로 번역하는 것까지 포함한다). 이것은 요한복음 1장 1절에서 그리스도를 묘사한 방식과 꼭 들어맞는다.

여섯째, 요한의 언어 사용에는 더 깊고 전문적인 이유가 있다. 만약 정관사를 사용했다면 '말씀이 하나님의 전부였다'는 의미로 '말씀이 하나님이셨다'는 인상을 주었을지 모른다. 하지만 요한은 성자 하나님(말씀)과 성부 하나님을 구별하기 원했다.[9]

육신의 베일에 싸인 신성

그렇다면 요한의 말은 무슨 뜻일까? 요한은 첫 시작부터 요한복음의 독자들이 주 예수님께서 인간이시고 하나님이시라는 사실을 인정하기 원한다. 또한 로고스이신 그리스도를 아는 일이 곧 하늘 아버지와 얼굴을 맞대어 영원 전부터 계셨고 항상 계시며 앞으로도 계실 분을 아는 것임을 우리가 깨닫기 원한다.

그리스도인인 우리는 온 우주를 만드신 분을 알게 되었다. 그분 없이는 (우리 자신을 포함해서) 아무것도 존재할 수 없다. 그분은 "아버지 품속에 있는" 분이다. 그분의 성육신이 그분의 정체성을 손상시키지 않는다. 예수님께서 기도하셨듯이 "영생은 곧 유일하신 참하나님과 그가 보내신 자 예수 그리스도를 아는 것"(요 17:3)이다.

그래서 요한복음을 여는 이 말들은 우리가 그리스도인이 된 것을 결코 작은 일로 생각해선 안 된다고 단호하게 가르친다. 오히려 그 반대가 되어야 한다.

그리스도인이 되는 것은 인간에게 가장 웅장하고, 위대하고, 거대하게 마음의 지평을 넓혀주는 경험이다. 태초에 하나님과 '얼굴을 맞대어' 계셨던 분이 우리와 '얼굴을 맞대기' 위해 오셨다. 우리가 그분과 '얼굴을 맞대어' 살아갈 수 있도록 말이다.

요한은 구주의 자발적 낮아지심을 강조하기 시작한다.

요한복음 1장 14절로 '빨리 감기'를 해보면, 영원한 신성을 가진 이 말씀이 "육신이 되어 우리 가운데 거하셨다"는 사실을 듣게 된다. 즉 그분은 자신이 만든 피조물의 일부가 되셨다.

여기서 잠시 생각해보자.

영원하신 하나님의 말씀은 천사들, 천사장들, 그룹들, 스랍들에 둘러싸여 하늘 아버지의 임재 안에 거하셨다.[10] 그리고 대단히 순결한 분위기에서 성부 및 성령과 인격적인 교제를 나누며 사셨다.

천상 세계에서 천사들이 그분을 찬송하는데, 하나님의 순결하심이 너무도 큰 나머지 천사들은 그분에 대한 경외심으로 자기 얼굴을 가린다(사 6:2). 비록 그들도 온전히 거룩하고 죄가 없지만 자신의 피조물 됨을 분명하게 감지한다. 그들의 피조된 거룩은 피조되지 않은 무한한 거룩을 온전히 담을 수 없는 듯하다. 천사들이 감지한 상호 간의 헌신은 삼위일체의 세 위격 사이에서 표현된다.

이것이 요한이 말하는 성육신의 놀라움이다. 그토록 거룩한 분위기에서 하나님과 '얼굴과 얼굴을 맞대어' 살면서 아버지의 눈을 응시했던 분이 아버지께 순종하여 우리의 육신을 입으셨다. 이 타락한 세상에서 우리와 '얼굴과 얼굴을 맞대어' 살려고 오셨다.

> 그리스도, 높은 하늘의 경배를 받으시네.
> 그리스도, 영원한 주님이시라.
> 육신의 베일에 싸인 신성을 보라.
> 성육신하신 신성을 찬양하여라.
> 인간으로 사람들과 함께 거하기를 기뻐하신 예수는
> 우리의 임마누엘이시다.[11]

하지만 우리에겐 성육신이 그분께 무슨 의미였는지를 평가할 수 있는 잣대가 없다.

'천상의 기쁨에서 이 세상으로'[12]

이사야는 천상 세계에 방문했다. 인생을 바꾸는 순간이었다. 무한히 거룩하신 하나님과의 조우는 시각, 청각, 미각, 촉각, 그리고 후각에 이르기까지 이사야의 모든 감각에 영향을 미쳤다.[13] 이사야는 주님을 보았다. 주님의 음성을 들었다. 문지방의 터가 요동하는 것을 느꼈다. 성전에 연기가 충만했다. 불타는 숯이 선지자의 입술에 닿았.

"말씀이 육신이 되어 우리 가운데 거하셨을 때" 하나님의 아들은 틀림없이 이와 정반대의 경험을 하셨을 것이다.

오늘날의 항공 여행객들은 기내 흡연이 허용되던 시절을 기억하지 못할 것이다. 하지만 예전에는 비행기 뒤편에 '흡연실'이 있었다. 대형 여객기인 경우, 예를 들어 대서양을 건널 때는 흡연석과 비흡연석이 커튼으로 구분되었다.

당신이 만약 담배연기에 알레르기가 있는 사람이라면, 대서양을 건너는 동안 이코노미석에서 보내야 할 긴 밤이 얼마나 불편할지 상상할 수 있을 것이다. 상상력을 조금 더 발휘해보자. 비흡연석 예약이 꽉 찼는데, 당신의 좌석이 대형 여객기의 연속된 좌석 다섯 개 중 정중앙이다. 탈출구가 없다.

흡연자들이 건물 밖으로 추방된 오늘날에도 당신은 흡연자 옆을 지나는 10미터 동안 숨을 참는다. 엘리베이터의 문이 막 닫히려는 순간 흡연자 한 사람이 들어오면, 그의 호흡 하나 하나가 밀폐된 공간을 채운다. 그 공기를 비흡연자만 참아야 한다는 역설이 더욱 짜증난다. 흡연자들에게는 그들의 몸에서, 그들의 옷과 호흡에서 나는 온갖 냄새가 매우 정상적이다.

이것을 타락한 세상에 대한 은유로 생각해보라. 타락한 세상에서 죄는 대기 중에 스며들어 본래의 공기가 된다.

혹은 다음과 같은 상황을 상상해보라.

어느 아파트의 건물 소유주는 발코니와 넓은 정원을 갖춘 펜트하우스 스위트룸에 살고 있다. 그 공기는 흡연자들에게 오염되지 않은 '천국의 것'과 같다.

그런데 어느 날 그 주인이 엘리베이터를 탄다. 1층으로 내려간다. 문이 열린다. 로비에 흡연자들이 가득하다. 그곳의 공기는 낯설고 몸에 해롭다.

하지만 주인은 그 공기를 흡입하지 않을 수 없다. 설상가상으로 흡연자들 모두가 그에게 숨을 내뿜는다. 그가 담배를 피우지 않는 걸 보고 담배를 피우라고 강요한다. 그들이 값비싼 담배 케이스를 내놓으며 권하지만, 주인에게는 그 물건의 냄새조차 역겹다. 그들은 화를 내며 그가 담배를 피워야 한다고 우긴다. 그리고 주인이 자신들과 동참하지 않는다며 경멸한다. 그들은 고의적으로 담배연기를 흡입한 뒤, 주인의 얼굴에 얼굴을 들이밀고 연기를 내뿜는다. 아직 타고 있는 꽁초를 갖다 대기도 한다. 주인에겐 탈출구가 없다.

이런 일을 상상할 수 있는가? 이 상황에 대한 적절한 표현은 "괴로워서 견딜 수가 없다."일 것이다. 하지만 이것은 그냥 비유일 뿐이다.

(단순히 '죄 없는' 분이 아니라) 완벽하게 거룩하신 분이 '죄악된 육신의 모양으로'(문자적으로는 "죄 있는 육신의 모양으로"[롬 8:3]) 오심을 생각할 때 뭔가 불쾌한 게 있다. 즉 말씀이 육신이 되셨을 때, 그분에게는 분명 이 세상이 몹시 견디기 어려운 곳이었을 것이다.

때문에 요한은 "'성부와 성령 앞에서 영원한 성자로 있는 것'과 '죄악된 남녀가 만들어내는 공기를 호흡하며 타락한 세상에 사는 것' 사이에 엄청난 차이가 있음을 이해하라"고 말하는 것이다. 기적 중의 기적으로 "말씀이 육신이 되셨다." 다르게 표현하면 "말씀이 육신을 입고 태어나셨다."

그렇다고 해서 영원한 말씀이 변질되었다거나 어떤 의미로든 신성이 축소되었다는 뜻은 아니다. 오히려 그분은 혈과 육으로 세상에 오시면서도 영원한 말씀으로 남았다. 그분은 진정으로 우리 중 하나가 되셨다. 육신 중의 육신이요, 뼈 중의 뼈가 되신 것이다.[14] 초대 교부들이 바르게 보고 정리한 것처럼, 그분은 신적 본성을 갖추신 하나의 위격이시지만, 동정녀 마리아의 태(胎)중에 잉태되셨고 우리의 인적 본성을 공유하신다.

이 사실이 왜 중요할까? 오직 신적 위격만이 구원자의 역할을 감당할 수 있기 때문이다.

우리 중에는 자신이나 다른 사람을 구원할 수 있는 사람이 없다. 다른 한편으로는, 오직 인적 본성을 가진 자만이 죄인된 인간들을 대신하여 제물이 될 수 있다(히 2:17). 거듭 말하지만 초대 교부들이 이 사실을 기록하고 기뻐하였듯이, 우리가 이전과 다른 자(의인-역주)가 되기 위해 하나님의 아들이 이전과 다른 자(인간-역주)가 되셨다.

진짜 육신, 거룩한 육신

'성육신'이란 예수님께서 참되고 온전한 신이셨고, 또한 참되고 온전한 인간이셨다는 뜻이다. 예수님은 자신의 사역을 감당하기 위해 인성에 신성을 더할 필요가 없었다. 오히려 말씀이 육신이 되신 것처럼 우리 가운데로 오셨다. 그분은 자기의 두 가지 본성에 따라 적절하게 기능하는 하나의 위격으로 오셨다. 신적 본성으로는 창조하고 유지하는 말씀으로 기능하셨다. 구유 속 아기가 자기의 우주를 계속 붙드셨다. 그리고 인적 본성에 따라 지치고 목마르셨고, 평온하고 기쁘셨으며, 슬프고 배고프셨고, 경탄하고 비통하셨으며, 궁극적으로 십자가 형벌을 받으셨다.

성육신은 참으로 이해하기 어렵다. 굳이 정의하자면 그렇다는 것일 뿐 "예를 들면 이런 거야."라고 할 만한 유비(類比)가 없다. 또한 성육신은 유일하다. 그래서 그리스도를 다루기 쉬운 형태로 바꾸려는 모든 시도에 저항해야 한다. 사실상 요한은 요한복음의 첫 부분부터 "환원주의자(관찰이 불가능한 이론이나 법칙을 관찰이 가능한 명제로 바꾸려는 실증주의적 경향-역주)가 되지 마시오! 결코! 현실의 장엄함을 단단히 붙잡으시오."라고 말하는 셈이다.

요한뿐 아니라 그 어떤 성경의 저자도 이러한 설명을 주저하지 않는다. 왜 그럴까?

이것이 바로 바울이 "경건의 비밀"이라고 부른 것이기 때문이다. "그는 육신으로 나타난 바"(딤전 3:16) 되셨다.

이 비밀은 복음서를 이해하는 열쇠이자 생명에 이르는 열쇠다. 하나님의 아들은 태양처럼 자신의 빛을 우리 삶에 비추셨고, 그 결과 모든 것이 더욱 분명해졌다.

얼핏 보기에는 요한의 가르침이 다른 복음서와 완전히 다르게 여겨진다. 요한의 프롤로그는 마리아나 요셉에게 어떤 역할도 부여하지 않는 반면, 마태와 누가는 표면적으로라도 예수님의 오심에 그들을 연루시키는 것처럼 보이기 때문이다.

과연 이것이 마태와 누가가 성육신에 관해 요한과는 다른 관점을 취했다는 뜻일까?

아니다. 그들은 같은 사건을 다른 시각에서 바라보았다. 예수님의 수태에 요셉이 제외되어 있었다는 점을 마태와 누가가 분명히 밝히는 것이다.

예수님이 오실 때 전해졌던 수태고지에 요셉이 보였던 반응은 존경받아 마땅하지만, 사실 요셉은 그 일에 적극적인 역할을 하지 않았다. 마리아가 주님의 말씀에 순복했던 것 또한 분명한 사실이지만, 그녀 역시 그 일에 의식적으로 참여한 것은 아니다. 그녀는 다만 그녀에게 일어난 모든 일을 신비하게(미리 알고 있었지만), 무의식적으로, 철저히 수동적으로 경험했다.

이런 관점에서 볼 때 누가와 마태의 메시지는 요한복음의 메시지와 같다. 그렇다면 요한이 강조한 것은 무엇일까?

말씀의 성육신, 곧 **하나님 자신이 구원을 이루시기 위해 주권적으로 일하셨다**는 점이다.

예수님의 수태는 초자연적이었지만, 출생은 정상적이었다. 동방 정교회의 위대한 신학자인 다마스쿠스의 요한은 이것을 아름답게 묘사했다. "수태는 청각을 통해서였지만, 출생은 아이들이 나오는 평범한 통로로 이루어졌다."[15]

마리아도 수태에서는 수동적이었지만, 주님의 뜻에 순복하고 출산하는 과정에서는 분명 능동적이었다.[16] 만 9개월의 사건은 하나님께서 자신의 가장 강력한 사역을 흑암 중에서 이루신다는 성경의 패턴을 잘 보여준다. 태초의 창조사역에서, 갈보리의 십자가에서, 부활하신 무덤에서, 그리고 자기 아들의 초림을 위한 동정녀의 태의 어둠 속에서 말이다. 이처럼 캐묻기 좋아하는 인간의 교만한 눈을 피해, 조용하고 은밀하고 겸손하게 하나님의 아들이 육신으로 오셨다.

가브리엘 천사가 마리아에게 말했다. "나실 바 거룩한 이는 하나님의 아들이라 일컬어지리라"(눅 1:35). 신약성경은 이것의 중요성을 다양하게 표현하고 있다. 또한 이것은 그리스도인들이 갖게 되는 일반적인 오해로부터 우리를 지켜준다. 그 오해는 바로 신성과 완벽한 거룩의 조합이 예수님의 삶을 조금 더 쉽게 해주었다는 생각이다.

그러나 여러모로 볼 때 진실은 정반대다. 파도를 거슬러 헤엄치는 일은 결코 쉽지 않다. 마찬가지로 영적 민감함은 죄악된 이 세상을 살 때 훨씬 더 고통스럽게 한다. 자기 아내에게 헌신하는 남자가 여성을 정복과 이기적인 쾌락의 대상으로 여기는 환경을 편하게 느끼기 훨씬 더 어려운 것과 같다.

이 사실은 중요한 의미를 수반한다. 우리는 죄가 얼마나 악한지를 철저하고도 진실하게 맛보거나 느끼지 못한다. 우리에게 죄는 너무도 자연스럽기 때문이다.

반면, 예수님은 죄가 얼마나 비정상적이고 뒤틀려 있고 흉하고 반역적인지 아셨다. 우리는 강하고 부요하신 하나님의 아들이 맛보신 정도의 연약함과 필요를 경험하지 못했다. 그분이 느끼신 정도의 비통함도 알지 못한다. 그분이 겪으신 방식으로 수치를 당하지도 않았다.

하지만 예수님은 완벽하게 거룩하신 그분의 인성 안에서 이 모든 걸 당하셨다. 우리는 감지하지도 못했던 곳에서 그분은 완벽하게, 순전하게, 온전하게 예민하셨다.

우리 주변에는 예민한 사람들이 있다. 어떤 사람은 음악적으로 예민하다. 우리가 교향곡을 들으며 '훌륭한 연주야!'라고 생각할 때, 예민한 음악가는 틀린 음정, 잘못 연주된 코드, 지휘자의 해석 오류를 간파하며 불쾌감을 느낀다. 이처럼 많은 사람이 다양한 방식으로 시각과 청각, 후각에 더 예민하다. 그리고 사람에 더 민감한 이들도 있다. 그들은 본능적으로 누군가가 실망하거나 아프거나 괜찮은 척하거나 우울할 때를 감지한다. 그런 예민함은 다른 이들이 갖지 못한 것이다.

그렇다면 인간의 질병과 슬픔과 죄에 철저히 예민해지는 것을 상상할 수 있는가?

그것이 바로 요한이 말하는 "말씀이 육신이 되었다"는 뜻이다.

은혜 위에 은혜

지금까지 우리는 요한복음 서두에 나타난 말씀의 신적 기원 및 자발적 낮아지심을 살펴보았다. 그곳에서 발견되는 강조점이 하나 더 있다. 하나님의 말씀이 우리의 죄를 짊어지시고 우리를 구원하시기 위해 우리의 육신을 입었다는 것이다.

요한은 성육신에 대한 이해를 확장시키면서 하나님의 아들이 오신 이유가 무엇인지를 설명한다. "참빛 곧 세상에 와서 각 사람에게 비추는 빛이 있었나니"(요 1:9).

우리는 본성적으로 빛보다 어둠을 더 사랑한다. 하나님을 피해 그 안에 숨고, 죄 안에서 안전하다고 느끼기 때문이다(요 3:19). 그 후엔 어둠에 익숙해지기 시작하고 결국에는 어둠이 정상이라고 주장하게 된다. 어둠이 우리의 '빛'이라는 것이다.

그래서 예수님은 이렇게 말씀하셨다. "우리에게 있는 빛이 어두우면 그 어둠이 얼마나 더하겠느냐"(마 6:23).

우리의 마음과 생각이 빛으로 가득하다면, 우리는 온전한 마음과 생각으로 하나님을 사랑할 것이다. 하지만 본성으로도, 마음으로도, 생각으로도 우리는 하나님을 사랑하지 않는다. 우리는 자주 "하나님은 사랑이시다." 말하지만 이 말의 진짜 속뜻은 하나님께서 내가 그분을 사랑하지 않는데도 인내하신다는 의미다.

우리의 생각은 얼마나 어두운가? 본성적으로 너무나 어두운 나머지 우리는 예수 그리스도가 나의 전부를 드려야 할 만큼 가치 있는 분은 아니라고 생각하지 않는가?

하지만 요한복음은 예수님이 어떻게 빛을 어둠으로 가져오셨는지 드러낸다. 그분은 니고데모의 생각 속에 있는 정신적 어둠과 수가성 우물가에서 만난 여인의 도덕적 어둠, 그리고 오빠 나사로의 죽음이 마리아와 마르다의 고향 베다니에 가져온 어둠에 빛을 비추셨다.[17]

그게 바로 우리의 필요다. 우리는 그분을 우리의 상상이 아닌, 있는 그대로 보아야 한다. 위대한 도덕 교사도, 인생 내내 우리를 도와주는 편의도 아닌, 어둠 속에서 빛나는 결코 꺼지지 않는 빛으로 봐야 한다(요 1:4-5).

요한은 바로 이 그리스도로부터 "은혜 위에 은혜"(요 1:16)를 받는다고 기록한다. 우리에게 왜 그토록 풍성한 은혜가 필요할까?

그것은 우리의 죄 때문이다.

우리에겐 용서와 칭의가 필요하다. 때문에 말씀이신 예수님은 우리에게 용서와 칭의를 주시기 위해 육신이 되셨다. 게다가 우리는 우리의 허물과 죄로 인해 영적으로 죽어 있다(엡 2:5). 말씀은 성령의 능력으로 우리에게 거듭남과 새 생명을 주시는, 생명의 수여자시다.

또한 우리는 하나님으로부터 멀어져 있다. 하지만 말씀이 우리를 자기 가족으로 입양시켜 주셨다. "영접하는 자 곧 그 이름을 믿는 자들에게는 하나님의 자녀가 되는 권세를 주셨으니"(요 1:12).

바울과 요한이 깨달은 우리의 비극은 우리가 하나님의 성품을 반영하기 위해 하나님의 형상대로 창조되었지만 지금은 "하나님의 영광에 이르지 못한다"는 것이다.[18]

아쉽게도 그 영광은 아담 안에서 망가졌고, 그 결과 우리 안에서도 망가지게 되었다.

이제 요한은 예수 그리스도 안에서 우리의 운명이 회복되기 시작했다고 말해준다. 육신이 된 말씀 안에서 우리는 다시 한 번 하나님의 영광을 본다. 요한복음의 뒷부분으로 가면 예수님의 기도를 듣게 될 것이다. 그것은 요한과 동료 제자들만을 위한 기도가 아니라 그들을 통해 그리스도를 믿게 될 우리 모두를 위한 기도다.

"내게 주신 영광을 내가 그들에게 주었사오니… 아버지여 내게 주신 자도 나 있는 곳에 나와 함께 있어… 나의 영광을 그들로 보게 하시기를 원하옵나이다"(요 17:22, 24).

그렇다면 말씀이 육신이 되어 우리 가운데 거하신다는 소식이 전해졌을 때 천사들이 하늘에서 환호성을 지르는 게 그토록 놀랄 일일까?

마구간에 계신 이 누구신가?
누구의 발 앞에 목자들이 엎드렸는가?

주님이시다! 오 놀라운 이야기여!
주님이시다! 영광의 왕이시다!
그 발 앞에 겸손히 엎드리네.
왕으로 모시세, 만유의 주를 왕으로 모시세.[19]

이와 같이 우리 안에 솟아나는 그리스도에 대한 믿음만이 우리가 보여야 할 유일하고도 합당한 반응이다.
당신에겐 믿음이 있는가?
당신의 진정한 필요를 감지해본 적 있는가?
그리스도를 영접했는가?
그리스도를 믿고 영접한 데서 오는 안도감, 기쁨, 하나님의 평안을 맛보았는가?
그렇다면 당신은 당연히 그분을 알고 사랑하기 원할 것이다. 그리고 당연히 만유의 주이신 그분을 왕으로 삼을 것이다.
명심하라. 당신이 내딛은 한 걸음은 기념비적이다. 모든 것을 절대적으로 변화시킨다. 이제 그리스도인이 되는 것이 단지 인생에 무언가가 추가된 것이라고 생각하는 퇴보는 없을 것이다. 결코 그렇지 않다! 성육신하신 말씀이 우리에게 주신 것은 **생명** 자체다.

"내가 온 것은 양으로 생명을 얻게 하고 더 풍성히 얻게 하려는 것이라"(요 10:10).

하나님과 함께 계셨던 말씀, 하나님이신 말씀이 육신이 되셨다는 사실에 감사하라! 또한 당신이 정말로 그분의 영광을 보았다면 하나님께 감사하라!

"나의 의로운 종이 자기 지식으로 많은 사람을 의롭게 하며
또 그들의 죄악을 친히 담당하리로다" **사 53:11**

2. 요단강 — 세례

요단강에 계신 이 누구신가?
마치 죄인처럼 우리 자리를 대신하신 그분은 누구신가?

주님이시다! 오 놀라운 이야기여!
주님이시다! 영광의 왕이시다!
그 발 앞에 겸손히 엎드리네.
왕으로 모시세, 만유의 주를 왕으로 모시세.

마 3:1–17

그때에 세례요한이 이르러 유대 광야에서 전파하여 말하되
회개하라 천국이 가까이 왔느니라 하였으니
그는 선지자 이사야를 통하여 말씀하신 자라 일렀으되
광야에 외치는 자의 소리가 있어 이르되 너희는 주의 길을 준비하라
그가 오실 길을 곧게 하라 하였느니라
이 요한은 낙타털 옷을 입고 허리에 가죽 띠를 띠고 음식은 메뚜기와 석청이었더라
이때에 예루살렘과 온 유대와 요단강 사방에서 다 그에게 나아와
자기들의 죄를 자복하고 요단강에서 그에게 세례를 받더니
요한이 많은 바리새인들과 사두개인들이 세례 베푸는 데로 오는 것을 보고 이르되
독사의 자식들아 누가 너희를 가르쳐 임박한 진노를 피하라 하더냐
그러므로 회개에 합당한 열매를 맺고 속으로 아브라함이 우리 조상이라고 생각하지 말라
내가 너희에게 이르노니 하나님이 능히 이 돌들로도 아브라함의 자손이 되게 하시리라
이미 도끼가 나무뿌리에 놓였으니 좋은 열매를 맺지 아니하는 나무마다 찍혀 불에 던져지리라
나는 너희로 회개하게 하기 위하여 물로 세례를 베풀거니와
내 뒤에 오시는 이는 나보다 능력이 많으시니 나는 그의 신을 들기도 감당하지 못하겠노라
그는 성령과 불로 너희에게 세례를 베푸실 것이요
손에 키를 들고 자기의 타작마당을 정하게 하사
알곡은 모아 곳간에 들이고 쭉정이는 꺼지지 않는 불에 태우시리라
이때에 예수께서 갈릴리로부터 요단강에 이르러 요한에게 세례를 받으려 하시니
요한이 말려 이르되 내가 당신에게서 세례를 받아야 할 터인데 당신이 내게로 오시나이까
예수께서 대답하여 이르시되 이제 허락하라
우리가 이와 같이 하여 모든 의를 이루는 것이 합당하니라 하시니 이에 요한이 허락하는지라
예수께서 세례를 받으시고 곧 물에서 올라오실새
하늘이 열리고 하나님의 성령이 비둘기같이 내려 자기 위에 임하심을 보시더니
하늘로부터 소리가 있어 말씀하시되 이는 내 사랑하는 아들이요 내 기뻐하는 자라 하시니라

이제 예수님 생애의 두 번째 '주요' 사건을 만나볼 것이다. 이 사건은 예수님이 이 땅에 태어나신 후 약 30년 뒤에 발생했다. 요단강에서 이루어진 예수님의 세례는 사복음서 모두에 기록될 만큼 매우 중요한 의의를 지닌다. 여기서는 그중 마태의 기사를 살펴볼 것이다. 그 전에 우선 이 일이 일어나게 된 전후사정을 살펴보자.

철저한 회개의 때

세례요한은 매우 갑작스럽게 등장한다. 누가복음의 오프닝 이후 우리는 세례요한에 대해 아무것도 듣지 못했다. 그런 그가 30년 후 설교가로 모습을 드러낸다. 그에게 주어진 부담은 사람들을 회개하게 하고, 죄에서 돌이키도록 부르는 것이다.

세례요한은 4세기 만에 예루살렘과 그 주변지역에 등장한 첫 번째 선지자였다. 그의 사역은 하나님의 침묵이 끝없이 이어질 것 같던 시기를 종결지었다. 예기치 못한 먹구름처럼 그는 이상한 겉옷, 특이한 식단과 더불어 지평선 위로 나타났다. 틀림없이 그의 외모는 죄와 심판에 대한 그의 자극적인 말들과 잘 어울렸을 것이다.

마태에 의하면, 엄청나게 많은 사람이 그의 말을 듣기 위해 몰려왔다.

"이때에 예루살렘과 온 유대와 요단강 사방에서 다 그에게 나아와 자기들의 죄를 자복하고 요단강에서 그에게 세례를 받더니"(마 3:5-6).

그렇게 사람들이 몰려왔다. 수만 명, 아니 수십만 명이었을 것이다. 분명 대규모의 영적 각성이 진행 중이었던 것 같다.

세례요한의 세례는 오늘날의 세례와 달랐다. 이를테면, 그것은 '삼위일체 하나님'의 이름으로 주는 세례가 아니었다. 구속이나 구원, 부활이나 새 생명에 초점을 맞추지도 않았다. 오직 죄고백과 회개의 세례였다.

이런 세례는 대체 어디서 온 걸까? 세례요한은 어디에서 이런 아이디어를 얻었을까?

이방인들 중에는 여호와와 그분의 언약에 자기 자신을 결합하여 유대주의를 신봉하는 사람들이 있었다. 그런 사람들을 위해 이전에도 세례 의식이 존재했다. 정의상 그들은 부정했다. 하나님의 임재나 유대인들과의 식탁 교제에 부적합했다. 때문에 그들은 정결해져야 했고, 그들의 죄를 씻어 없앤다는 상징으로 세례를 받았다. 세례요한의 세례는 이런 이방인 개종자들의 세례와 정확하게 똑같은 방식으로 부정함을 말했다.

물론 구약시대에는 정결의식, 즉 씻는 의식이 다양했다. 히브리서 9장 10절도 이를 언급한다. 우리가 보는 성경에서는 "씻는 것"이라는 단어를 사용했지만, 사실 헬라어로는 **세례**다. 게다가 에세네파와 쿰란 공동체[1] 같은 유대 종파에서는 다양한 정결의식이 빈번했다. 따라서 세례는 그 종류도 다양했고 널리 알려진 의식이었다.

하지만 세례요한의 세례는 그것 자체로 중요한 의미를 지녔다. 그중 하나는 요단강에서 세례를 주었다는 점이다. 이곳은 이스라엘이 출애굽한 후 40년간의 광야생활을 마치고 약속의 땅에 들어가기 직전에 건넜던 장소다(수 3:1-17 참고). 또한 엘리야가 하늘로 들려 올라가기 전에 그의 사역을 마무리하면서 마지막으로 보여진 장소이기도 하다(왕하 2:6-14).

이처럼 예수님은 세례요한을 여호와의 날이 이르기 전에 오리라 예언되었던 엘리야와 동일시하셨고,[2] 실제로 그는 시대의 끝을 전하라고 하나님께서 임명하신 전령으로서의 외모와 메시지를 모두 갖추고 있었다. 즉 당시는 철저한 회개의 때였고, 세례가 그 상징이었다.

하지만 이후에 발생한 사건이 놀랍다. 아니 충격적이기까지 하다.

예수님이 세례요한에게 세례를 받겠다고 하신 것이다.

이 드라마틱한 사건을 이해하려면 먼저 몇 가지 특징에 주목해야 한다.

자기 백성의 죄악을 담당하는 자

우선 예수님의 세례가 어떠했는지를 살펴보아야 한다. 우리는 이 장면에 너무 익숙하다. 무슨 일이 일어날지 알기 때문에 담담하고 냉정하다. 하지만 이것은 예상 밖의 일이었다. 예수님의 친척이었던 세례요한에게는 더욱 그랬다.[3]

세례요한은 구약의 예언과 하나님의 메시아에 대한 기대감에 푹 빠져 있는 사람이었다. 그는 자신이 "광야에 외치는 자의 소리"로서 "여호와의 길을 예비하라"는 고대의 예언을 성취하고 있는 것을 보았다(마 3:3; 사 40:3). 또한 그는 자신이 구약 예언의 성취에서 필수적인 역할을 수행한다는 것을 분명하게 알고 있었다. 그런데 예수님이 갈릴리로부터 요단강에 이르러 자신에게 오셨다. 하루 종일 세례를 준 뒤, 무리가 조금 흩어졌을 때일 것이다. 그는 세례를 베풀어달라는 요청을 받는다. 예수님을 말리며(마 3:14) 실랑이를 벌였다. 세례요한은 예수님이 진짜 누구신지(메시아) 깨달았다. 그분은 세례를 받으실 필요가 없었다. 그가 주었던 회개의 세례는 더더욱 필요 없었다. 그래서 세례요한의 첫 번째 반응은 저항이었다.

그때 세례요한은 무슨 생각을 했을까? 세례를 주라는 하나님의 부르심 앞에서 그는 (바울과 베드로처럼) 물과 관련된 구약의 사건들을 떠올렸을까? 바울은 "모세에게 …바다에서" 세례를 받았다고 말한다. 그는 애굽인들은 멸망했는데 어떻게 출애굽한 백성들은 홍해를 마른 땅으로 건넜는지에 대해 생각했다. 같은 사건이 애굽인들에게는 심판의 행위였지만, 하나님의 백성에게는 구원의 행위였다.[4]

또한 베드로는 대홍수와 방주로 인한 노아 가족의 구원을 세례의 유비로 보았다. 그것은 대홍수와 물심판, 즉 일종의 세례였다(벧전 3:18-22).

이런 세례들(대홍수 및 홍해에 빠진 애굽인들의 익사)은 끔찍하고 비참한 물심판이었다. 그것은 하나님의 진노를 암시했고, 속죄함을 받지 못한 믿음 없는 개인과 공동체에 일어날 일을 가리켰다. 그러나 하나님의 섭리로 믿음을 가진 자들은 이런 세례를 통해 피난처를 발견했고 하나님의 진노로부터 구원을 받았다.

세례에 관한 세례요한의 생각이 이러했다면, 그가 예수님께 보인 반응이 전혀 놀랍지 않다. "내가 당신께 세례를 받아야 합니다. 심판의 세례를 받아야 할 자는 당신이 아니라 접니다." 하지만 예수님은 이렇게 대답하셨다. "이제 허락하라 우리가 이와 같이 하여 모든 의를 이루는 것이 합당하니라"(마 3:15).

이 말이 무슨 의미일까? 예수님의 말씀은 이사야의 예언서 하반부 중 가장 유명한 노래이자 네 번째 노래인 이사야 53장을 반영하는 듯하다. 이 노래들은 "내 종"이라고 묘사되는 인물의 생애와 고난을 묘사하고 해석하며,[5] 거기서 우리는 그분의 삶을 통한 의의 성취를 읽는다.

"그가 자기 영혼의 수고한 것을 보고 만족하게 여길 것이라 나의 의로운 종이 자기 지식으로 많은 사람을 의롭게 하며 또 그들의 죄악을 친히 담당하리로다"(사 53:11).

예수님은 종으로 오셨다. 자신을 우리의 죄 가운데서 우리와 동일시하고, 자기 백성의 죄악을 담당하는 자가 되시기 위함이었다.

세례요한의 세례는 하나님 백성의 죄악에 대한 일종의 선전포고였다. 그들은 하나님의 언약을 어겼다. 하나님은 은혜와 사랑으로 자기 백성과 언약을 맺으셨지만, 그들은 끊임없이 언약의 의무에 충실하지 못했다. 그래서 최후통첩이 내려졌다. 세례요한의 세례는 회개에 대한 명확한 요청이다. 그는 마치 검사처럼 동시대인들을 피고로 하는 신성한 소송을 제기했다. 하나님께서 노아 시대의 홍수와 모세 시대의 애굽인들의 익사만큼 비참한 심판을 선포하셨기 때문이다. 그런 세례를 다름 아닌 예수님께서 받겠다고 주장하셨다.

위대한 교환

또한 세례는 이름을 짓는 의식이다. 오늘날 우리는 삼위일체 하나님의 '이름'으로 세례를 받는다(마 28:19). 이와 유사하게 예수님은 요단강 세례에서 '이름'을 받으신다.

세례와 관련된 논쟁거리들(언제, 어떻게, 얼마만큼의 물로 세례를 주는지 등)은 잠시 접어두고 무슨 일이 일어나고 있는지 그 **의미**에 집중하라. 이것은 가장 중요한 문제다. 이와 같은 심판의 세례에서는 세례요한이 마치 예수님께 "당신은 이제 죄인의 이름을 받습니다. 언약을 위반한 사람들과 동일시되는 것입니다."라고 선언하는 것이기 때문이다.

이런 의미에서 예수님은 "범죄자 중 하나로 헤아림을(이름을) 받으셨다"(사 53:12). 따라서 이제부터는 그분을 '죄인'이라고 할 것이다. 존 칼빈은 과감히 이렇게 말했다.

> 예수님은 모든 의지를 동원하여 모든 죄인의 이름으로 모든 죄인을 대신하여 성부 하나님의 심판석 앞에 출두하셨다. 그리고 기꺼이 유죄 판결을 받으셨다. 우리의 죄짐을 담당하셨기 때문이다.[6]

이것은 거룩하고 흠 없는 분에게 받아들여진 새로운 정체성이다.

그분은 출생 때부터 지혜와 키가 자라가며 하나님과 사람에게 더욱 사랑스러워 가신 분이다(눅 2:52). 세례를 받으실 때 예수님의 나이는 서른 살이었다(눅 3:23). 그 나이는 제사장들이 본격적인 사역으로 들어가는 나이였다. 예수님은 죄를 지으신 적도, 하나님의 계명을 어긴 적도 없었다. 해야할 일을 안 하신 적도, 하지 말아야 할 일을 하신 적도 없었다. 그분의 의식 속에 사악한 생각이 스며든 적도 없었다. 어떤 유혹에도 굴복하신 적이 없었다.

예수님은 거룩하고 순결하고 깨끗하셨고, 죄인들과 구별되셨다(히 7:26). 세례요한이 "내가 당신에게서 세례를 받아야 할 터인데"라고 말한 것은 조금도 놀라운 일이 아니다. 그러나 예수님의 대답은 다음과 같았다.

요한, 나를 믿어라. 하늘 아버지께서 우리 둘에게 주신 부르심을 성취하기 위해 나에게 세례를 주어라. 나는 정녕 메시아다. 이제 나는 이 회개의 세례 안에서 심판의 세례와 하나가 된다. 하지만 이 물세례는 언젠가 내가 복종하게 될 마지막 고난을 가리킬 뿐이다. 내게 올 세례는 상징이 아니라 실제가 될 것이다. 그때는 물이 아닌 나 자신의 피로 세례를 받을 것이기 때문이다.

이것이 예수님이 받으신 세례의 내적 의미다. 예수님이 언약위반자라는 이름을 받고 계신다. 그리고 우리의 죄 안에서 자신을 우리와 동일시하신다. 상징적으로 회개하는 사람들의 죄를 씻겨준 물이 이제 그분의 머리 위에 부어지고 있다! 우리 죄의 담당자이자 구주로서 그 모든 죄에 대한 책임을 자신에게 돌리시는 것이다.

그러므로 우리 주님의 세례는 **대체** 행위다. 예수님은 마땅히 우리가 겪어야 할 일을 겪고 계시다. 그분이 우리를 대신하신 이유는 다음과 같다.

죄의 값을 치를 만큼 선한 것이 없었네.
오직 그분만이 천국의 문을 열고 우리를 들여보낼 수 있네.[71]

결국 세례요한은 예수님 말씀에 굴복하고 심판의 물로 그분께 세례를 주었다. 예수님은 저주를 끌어안으셨다. 앞서 언급한 바울의 말처럼, 하나님의 백성이 바다에서 모세에게 세례를 받았을 때, 물 한 방울도 그들을 건드리지 않았다. 애굽인들은 저주를 받았지만, 하나님의 백성은 축복을 받았다. 우리 주님의 상징적인 세례가 현실이 될 때도 그럴 것이다. 그분이 담당하신 저주는 우리 것이고, 우리가 받은 축복은 그분 것이다.

이곳 요단강에서 우리는 복음의 중심에서 위대한 교환이 가능한 이유를 본다. 왜 우리는 용서받는가? 왜 우리는 풀려나는가? 왜 우리는 축복 받는가? 왜 우리는 약속의 땅에 들어갈 보장을 받는가? 예수님이 우리 대신

저주를 받으시기 때문이다. 그게 바로 예수님의 세례가 의미하는 바다.

나중에 야고보와 요한이 예수님께 찾아와 그분의 나라에서 요직을 달라고 했다(우리는 그들이 이런 요구를 했다는 사실이 창피해서 얼굴을 가리고 싶어 한다. 우리가 그들보다 나을 게 없다는 사실은 쏙 빼놓고 말이다). 그때 예수님께서 어떻게 반응하셨는지 기억하는가? "내가 받는 세례를 너희가 받을 수 있느냐"(막 10:38). 예수님은 갈보리에서의 세례를 말씀하셨다. 요단강의 물은 사람들의 죄로 오염되어 있었고, 그것이 가리키는 실제는 홍수의 물, 곧 죄인들에 대한 하나님의 **저주**였다. 그게 바로 예수님의 세례가 의미했던 바다! 예수님은 언약위반자가 받아 마땅한 저주를 받으셨다. 이는 우리가 마치 언약을 잘 지키는 자인 것처럼 하나님의 축복을 얻게 하시기 위해서였다.

오늘날 우리의 세례가 바로 이런 형태다.

요단강에서 이루어진 예수님의 물세례가 갈보리에서의 진짜 세례를 가리켰듯이, 우리의 세례도 갈보리에서의 세례를 가리킨다. 즉 우리가 그리스도와 연합하여 세례를 받는 것은 죄의 책임과 고통을 끌어내는 **그분의 죽으심**에 들어가는 것이며, 우리를 일으켜 새로운 생명으로 인도하는 **그분의 부활**에 들어가는 것이다(롬 6:1-4; 골 2:12).

이 사실을 이해하면, 이 사건의 더 깊은 요소들을 점검해볼 수 있다.

'새로운 창조'의 표지

예수님이 요단강 밖으로 나오셨을 때, 아마도 강둑에 서셨을 때 "하늘이 열렸다." 마가의 간결한 설명에서는 훨씬 더 강력한 용어가 사용된다. "하늘이 갈라졌다"(마 3:16; 막 1:10). 이 단어들은 이사야 64장 1절의 기도를 반영한 것 같다. "원하건대 주는 하늘을 가르고 강림하시고"

이제 여호와의 날이 밝아오고 있다. 메시아가 오셨고 하늘이 열렸다.

분명히 뭔가 무시무시한 일이 일어나고 있다. '땅이 흔들린다.' 그리고 그것이 일으키는 결과를 온몸으로 느낀다. 그리스도께서 새로운 창조를 시작하시기 때문이다.

그분은 아담에 의해 손상된 것을 회복하러 오셨다. 옛것이 새롭게 될 것이다. 새로운 창조, 새 하늘과 새 땅이 예수님의 세례로 성취될 것이다. 그래서 미래에 성취될 것을 기대하며 하늘이 열린 것이다.

게다가 하나님의 성령이 비둘기같이 예수님 위에 강림하셨다. 얼마나 아름다운 영상인가!

비둘기가 우아하게 천천히 내려앉는 광경을 본 적이 있는가? 그보다 아름다운 것은 좀처럼 상상하기 어렵고 만들어낼 수도 없을 것이다. 이 장면은 즉각적으로 마음속에 구약의 중요한 순간들을 떠올리게 만든다.

앞에서 이미 시몬 베드로가 세례의 그림으로 보았던 노아, 홍수, 방주를 언급했다. 비가 그치고 물이 물러났을 때, 노아는 방주 밖으로 비둘기를 보냈다. 그 비둘기는 나중에 감람나무 잎사귀를 입에 물고 돌아왔다. 그것은 하나님의 심판이 지나갔고 '새로운 창조'가 시작되었다는 표지였다.

뿐만 아니라 거기에는 창세기 1장도 반영되었다. 창조가 시작될 때 "땅이 혼돈하고 공허하며" 하나님의 영이 "수면 위를 운행하셨다"(창 1:2). '운행하다'에 해당하는 히브리어는 **라차프**(rachaph)인데, 이 단어는 새의 날개가 퍼덕거리는 것처럼 '퍼덕거리다'로 번역될 수 있다.[8] 따라서 여기에는 본래의 창조에 대한 암시도 있다. 예수님이 언약위반자들과 동일시되심을 통해 하나님은 개인의 구속과 중생뿐 아니라 그보다 훨씬 더 광대한 것(새로운 창조)까지 일으키신다. 그래서 성령은 이제 예수님이 공식적으로 맡게 될 엄청난 역할에 대한 표지로 요단강에서 그분 위에 강림하셨다.

이와 같은 성령님의 강림은 예수님께 어떤 영향을 미치는가?

성령님은 예수님을 돕고, 그분 안에 거하고, 그분께 도움이 되고, 그분의 힘을 돋우고, 그분께 권능을 부여하고, 그분께 은사를 주기 위해 오셨다. 또한 예수님의 세례 이후에 일어난 일들에서 분명해지듯, 성령님은 예수님을 영적 전쟁과 승리로 인도하기 위해 오셨다.

여기서 다시 한 번 강조해야 할 것이 있다. 바로 예수님은 우리의 인적 본성 안에서 이루어져야 하는 일을 위해 신적 본성에 의지하지 않으신다는 점이다. 그분은 결코 그렇게 하시지 않는다. 만약 그래야 한다면 그분은 더 이상 둘째 사람이자 마지막 아담일 수 없을 것이다. 더 이상 우리의 대표가 될 수 없을 것이다. 그분에 대해 "모든 일에 우리와 똑같이 시험을 받으신 이로되 죄는 없으시니라"(히 4:15)고도 말할 수 없을 것이다.

그렇다면 하나님에 대한 예수님의 신실하심을 어떻게 설명할 수 있을까? 이에 대한 답은 예수님께서 생애 처음부터 끝까지 인적 본성 안에서 성령님께 권능을 부여받고 강화되셨다는 것이다. 예수님은 성령에 의해 성육신하셨다. 성령의 능력으로 동정녀 마리아의 태중에 잉태되셨다. 성령에 의해 성장하셨다. 그리고 이제 자신의 생애와 사역에서 새로운 국면을 맞이하고 계신다. 지난 30년간 준비해온 전쟁이 지금부터 시작된다. 성령이 오셔서 예수님을 메시아 사역이라는 새로운 단계로 준비시키신다. 다음 장에서 살펴보겠지만, 이제 성령은 예수님을 광야로 몰아내시어 큰 원수인 사탄을 만나게 하신다. 히브리서 저자가 설명하듯 예수님은 끝까지, 심지어 죽음에서조차 성령에 의해 떠받들어지신다(히 9:14).

여기서 우리는 잠시 멈추어 그분의 세례가 우리 앞에 펼쳐놓은 그림을 다시 한 번 들여다보아야 한다.

이곳에 누가 계신가? 삼위일체 하나님의 임재가 보이는가?

성자 예수님이 계신다. 예수님은 메시아 사역을 위해 자신을 바치신다. **성령**이 예수님 위에 강림하셨다. 우리의 구원을 이루시는 예수님을 지탱하시기 위해서다.

그러면 이제 성부 하나님의 음성을 들어보자.

"너는 내 아들이다!"

예수님 세례의 다음 요소는 하늘로부터 들려온 소리다. 물론 이후에도 하늘에서 음성이 들려온 적이 있다.[9] 다만 이번 경우는 예수님이 하나님의 아들임을 확인하고 예수님을 그분의 공식적인 메시아 사역에 취임시키기 위함이다.

훗날 제자들이 가룟유다를 대신할 자를 찾을 때, 베드로는 반드시 "요한의 세례로부터 우리 가운데서 올려져 가신 날까지"(행 1:21) 예수님과 함께했던 자를 선택해야 한다고 했다. 그렇다면 예수님의 세례는 그분이 죄인들의 대표로 공식적인 역할을 수행하신 첫 단계에서부터 예수님 자신과 제자들에게 목격되었던 것이 분명하다.

하늘로부터 들린 소리에서 우리는 구약의 중요한 메아리 일부를 들을 수 있다.

성부 하나님은 "이는 내 사랑하는 아들이요 내 기뻐하는 자라"(마 3:17)고 말씀하신다.

여기에 이사야서의 첫 번째 '종의 노래'가 있다. "내가 붙드는 나의 종, 내 마음에 기뻐하는 자 곧 내가 택한 사람을 보라"(사 42:1).

예수님은 분명히 어린아이 때부터 나사렛의 집과 회당에서 평생 구약성경을 배우고, 암송하고, 묵상하며 보내셨을 것이다. 이사야 42장, 49장,

50장, 52-53장의 '종의 노래'는 촘촘히 짜여 그분 존재의 기초가 되었다. 종의 노래는 그분에 대하여, 그리고 그분의 사명과 사역에 대하여 이야기한다. 그중 첫 번째 노래가 여기서 메아리친다. 마치 성부 하나님께서 "내가 너를 기뻐한다. 기억하니? 이사야가 했던 말을 기억하니?"라고 말씀하시는 것 같다.

또한 창세기 22장 2절의 메아리도 있다. 여기서 아브라함은 사랑하는 아들 이삭을 기꺼이 포기할 수 있는지에 대해 도전받는다. "이는 내 사랑하는 아들이요."[10]

시편 2편 7절의 메아리도 떠오른다. 시편 2편은 제자들이 그리스도의 나라를 이해하는 데 있어서 대단히 중요하다.[11] "너는 내 아들이라." 시편 2편 전체가 세상의 반역한 나라들이 언젠가 그 앞에 절하게 될 한 왕에 대해 말한다.

성경 연구가들은 하늘의 음성은 예수님의 인간 지성에 삼위일체 제2위격으로서의 정체성을 확증하기 위한 것이라고 이야기한다. 그들의 말처럼 예수님께서 사역을 성취하시려면 먼저 이 정체성을 확신하셔야 했다. 그분을 둘러싼 모든 것은 '어떻게 이 **사람**이 **하나님**일 수 있지?'라고 의문을 품게 할 것이기 때문이다. 가차 없이 갈보리로 몰아가는 인생길에서 예수님이 그곳을 향해 중요한 발걸음을 내딛으실 때, 성부 하나님은 예수님께 확신을 주시려 하늘을 여신다.

내 아들, 너는 내 아들이다! 내가 너를 사랑한다. 나는 네가 갈보리의 심연을 향할 때 이 사실을 알고 전적으로 확신하기 원한다. 나는 내가 너를 사랑했고, 지금도 사랑하고, 앞으로도 사랑할 것임을 네가 알기 원한다.

때가 이를 것이다. 3년 뒤, 성부 하나님의 얼굴이 깊은 어둠 속으로 가려질 때 말이다. 그날에 성자께서 할 수 있는 것은 그분이 세례를 받으실 때 하늘로부터 이 말씀이 들려왔다는 사실을 기억하는 것뿐이다. 그리고 "나의 아버지, 나의 아버지, 당신은 나를 사랑하십니다!"가 아니라 "나의 하나님, 나의 하나님, 어찌하여 나를 버리셨나이까?"라고 부르짖으실 것이다(마 27:46). 그 순간 예수님은 자신이 하나님의 아들이라는 인식을 잃게 되시는 걸까?

다음은 그를 사랑했던 아버지의 음성이 들려온 보다 합당한 이유다.

내 아들아, 나는 네가 이것을 알기 원한다. 네가 느끼거나 보지 못할 때에도 내가 너를 여전히 사랑한다는 것이 진리다. 내가 너를 기뻐한다. **지금** 들리는 음성을 **그때** 기억하는 것이 중요하다.

우리를 위한 순종

예수님의 세례는 순종의 행위다. 예수님은 성부 하나님의 계획에 순종하여 아담과 그의 후손 대신 공식적인 언약위반자가 되신다. 즉 그분은 하나님의 심판대에서 죄를 담당하는 자가 되신다.

1937년 1월 1일 필라델피아에 있는 웨스트민스터신학교의 설립자 J. 그레샴 메이천 박사가 동료인 존 머리 교수에게 짧고 감동적인 전보를 보냈다. 메이천은 1차 세계대전 이후 자유주의 신학과의 논쟁에 참여했던 인물들 중에서 가장 학식이 풍부한 주요 인물이었다. 그가 개인적으로 치러야 했던 가장 큰 대가는 동료들과 함께 웨스트민스터신학교를 건립하기 위해 프린스턴신학교를 떠난 것이다. 1936년 크리스마스 방학 동안 그는 노스 다코타에 있는 작은 교회들을 돕다가 폐렴으로 병원에 입원하게 되었다. 그 몇 주 전에는 존 머리와 '그리스도의 능동적 순종'이라 부르는 것에 관한 논쟁이 있었다. 그것의 핵심 내용은 그리스도께서 그분의 전 생애를 통해 **우리를 위해 고난**당하셨을 뿐 아니라 능동적으로 **우리를 위해 순종**하셨다("죽기까지 복종하셨으니 곧 십자가에 죽으심이라")는 것이었다 (빌 2:8). 이렇듯 우리의 칭의는 우리 죄의 사면뿐 아니라 그리스도의 의를 우리에게 돌리는 것까지 포함한다.

이 가르침과 씨름하면서 메이천은 그것의 중요성을 깨닫게 되었다. 임종을 앞두고 잠시 의식이 돌아왔을 때, 그는 존 머리에게 전보를 썼다. "그리스도의 능동적 순종이 너무 감사하오. 그것이 없다면 소망도 없소."[12] 그리고 바로 그날 메이천은 55세의 나이로 생을 마쳤다.

능동적 순종. 이것이 바로 우리가 예수님 안에서 보는 바다. 우리를 위해 예수님은 성부 하나님께 순종하신다.

성부 하나님이 순종하시는 그분을 바라보실 때, 성령 하나님이 세례를 받으신 그분 위에 강림하실 때, 천사들이 깜짝 놀라 그들의 왕을 내려다볼 때, 예수님은 요단강 물 밖으로 올라오셨다. 공식적으로 구주의 정체성을 가지셨고, 우리에게 절실히 필요한 죄의 담당자로서 성부 하나님의 바람을 성취하는 데 강하게 헌신되어 계셨다.

일찍이 세례요한은 조사하러 (그리고 비평하고 비난하러) 나온 바리새인들과 사두개인들에게 자기가 무슨 일을 하고 있는지 밝혔다. 그리고 그들에게 경고했다. "속으로 아브라함이 우리 조상이라고 생각하지 말라"(마 3:9).

아브라함의 후손이라는 것은 심판날에 하나도 중요하지 않다. 오히려 불리하게 작용할 것이다. 그들이 누려온 모든 특권이 마지막에는 그들을 불리하게 만들 것이다. 그들에게 필요한 것은 그들을 대신해서 그들의 죄

책을 담당해줄 사람이다. 즉 그들을 대체해줄 누군가가 필요하다.

우리 모두에게 필요한, 우리를 대체해줄 누군가가 바로 구주다. 이것이 심판날 우리의 유일한 소망이 된다. 그러니 그리스도를 아는 것이 얼마나 중요한가?

그리스도는 요단강에서 우리의 저주를 받아들이셨고, 갈보리 십자가에서 그 결과를 담당하셨다. 우리가 세례의 축복을 받게 하시기 위함이었다. 이처럼 우리는 믿음으로 죄를 용서받는다. 마음과 양심의 씻김을 받는다. 언약을 지킨 자로 간주되는 축복을 받는다. 그리스도와 함께 기업을 받는다. 영원한 생명과 영광에 이르는 부활의 소망을 갖는다.

이와 같이 그리스도께서 요단강에서 상징되는 모든 것을 성취하셨기에, 이제 우리는 복음으로 우리에게 말씀하시는 성부 하나님의 음성을 듣는다. "네가 내 아들, 주 예수 그리스도를 구주와 주로 믿기 때문에, 너 또한 내 아들이다. 내가 너를 사랑한다는 사실에 확신을 가져라."

"기록된 바 주 너의 하나님께 경배하고 다만 그를 섬기라 하였느니라" **눅 4:8**

3. 광야 — 시험

**광야에서 금식하며
깊은 고통 중에 계신 이 누구신가?**

주님이시다! 오 놀라운 이야기여!
주님이시다! 영광의 왕이시다!
그 발 앞에 겸손히 엎드리네.
왕으로 모시세, 만유의 주를 왕으로 모시세.

눅 4:1-15

예수께서 성령의 충만함을 입어 요단강에서 돌아오사
광야에서 사십 일 동안 성령에게 이끌리시며 마귀에게 시험을 받으시더라
이 모든 날에 아무것도 잡수시지 아니하시니 날 수가 다하매 주리신지라
마귀가 이르되 네가 만일 하나님의 아들이어든 이 돌들에게 명하여 떡이 되게 하라
예수께서 대답하시되 기록된 바 사람이 떡으로만 살 것이 아니라 하였느니라
마귀가 또 예수를 이끌고 올라가서 순식간에 천하만국을 보이며 이르되
이 모든 권위와 그 영광을 내가 네게 주리라
이것은 내게 넘겨준 것이므로 내가 원하는 자에게 주노라
그러므로 네가 만일 내게 절하면 다 네 것이 되리라
예수께서 대답하여 이르시되
기록된 바 주 너의 하나님께 경배하고 다만 그를 섬기라 하였느니라
또 이끌고 예루살렘으로 가서 성전 꼭대기에 세우고 이르되
네가 만일 하나님의 아들이어든 여기서 뛰어내리라
기록되었으되 하나님이 너를 위하여 그 사자들을 명하사 너를 지키게 하시리라 하였고
또한 그들이 손으로 너를 받들어 네 발이 돌에 부딪치지 않게 하시리라 하였느니라
예수께서 대답하여 이르시되 주 너의 하나님을 시험하지 말라 하였느니라
마귀가 모든 시험을 다 한 후에 얼마 동안 떠나니라
예수께서 성령의 능력으로 갈릴리에 돌아가시니 그 소문이 사방에 퍼졌고
친히 그 여러 회당에서 가르치시매 뭇 사람에게 칭송을 받으시더라

누군가에겐 젊고 아름다운 여인으로, 누군가에겐 늙고 못생긴 노파로 보이는 착시 그림을 본 적이 있을 것이다. 같은 그림에서 어떤 사람은 "내가 보기엔 추한 노파밖에 없는데?"라고 말한다(당신이 그 사람일지 모른다!) 반면 어떤 사람은 "내 눈엔 젊고 아름다운 여인뿐이었어."라고 말한다.

흥미롭게도 그 착시 그림에서 한 지점에 시선을 고정시키면, 늙고 못생긴 노파에서 젊고 아름다운 여인으로 자유롭게 넘어갈 수 있다. 물론 반대의 경우도 가능하다. 여기서 당신에게 필요한 건 당신이 무엇을 찾고 있느냐다!

착시에서 벗어나라

예수님이 시험당하신 것에 대한 복음서의 기록도 이와 유사하다. 우리는 한 가지 고정된 시각으로 보는 데 너무도 익숙한 나머지 전체 그림의 중심을 놓치기 쉽다. 마치 그리스도인들에게 유혹에 저항하는 방법을 가르치는 것이 이 기록의 유일한 목적이라는 듯, 예수님의 시험 기사를 그런 방향으로 해석하는 것이 매우 일반적이다. 아마도 많은 가정, 이웃, 교회에서 이 부분으로 그룹 성경공부를 할 때 리더가 이렇게 질문할 것이다. "본문은 유혹에 저항하는 방법에 대해 우리에게 무엇을 가르쳐줍니까?"

물론 유혹에 저항하는 것에 대해 예수님으로부터 배울 수 있는 것이 정말 많다. 하지만 그것이 이 본문의 요점은 아니다. 만약 그것만 본다면, 이 본문은 우리에게 착시가 되어버린다. 성경에는 우리가 일상적으로 경험하는 유혹에 저항하는 방법을 가르쳐주는 기록이 없기 때문이다. 성경은 오직 **주 예수님이 그분께 주어진 유혹 앞에서 어떻게 저항하셨는지**를 보여줄 뿐이다.

그러므로 우리가 이 착시 때문에 고생하고 있다면 그것을 바꾸는 데 집중해야 한다. 그래야 복음서를 묵상하고 연구할 때 일어나는 일반적인 착시로부터 벗어날 수 있다. 즉 복음서가 예수님에 대해 무엇을 가르치는지가 아니라, 우리 삶에 관해 무엇을 가르치는지를 우선적으로 찾으려는 실수에서 벗어날 수 있을 것이다.

우리가 반드시 해야 할 일은 성경본문을 우리의 필요대로 보지 않고 예수님에 대한 가르침에 집중하는 것이다.

우리가 예수님께로 초점을 옮길 때 가장 먼저 깨닫게 되는 것은 예수님께서 시험을 받으시기 위해 광야로 이끌리셨다는 것이다.[1] 반면 유혹은 우리를 대적하려고 우리에게 온다. 이와 같이 예수님의 시험은 오직 그분께만 해당되는 고유하고 독특한 것이다.

마귀는 결코 당신에게 돌로 떡을 만들라거나, 천하만국을 주겠다거나, 당신을 예루살렘 성전 꼭대기에 데려가 믿음으로 뛰어내리라고 종용하지 않을 것이다. 마귀가 당신에게 올 때는 이 주제에 관한 다양한 변형을 가지고 온다.

반면 마귀가 예수님을 그런 방식으로 시험한 데는 특별한 이유가 있다. 그러므로 우리는 예수님께 시선을 고정하고 본문을 향해 이렇게 말해야 한다. "말해다오. 네가 구주에 관해 꼭 말하려는 것이 무엇이니?"

누가의 서술은 우리가 아주 특별한 관점으로 예수님을 보게 한다. 즉 마태와 마가의 시험 기사와는 미묘하게 다른(하지만 모순되지 않는다) 틀 안에 이 기사를 놓는다.

누가복음에서 예수님의 시험 바로 앞에 기록된 것은 예수님의 족보다(눅 3:23-38). 이것은 마태복음과 사뭇 다른 위치다. 게다가 족보의 내용도 다르다(마 1:1-17 참고).

마태가 아브라함에서부터 예수님을 향해 진행해가는 반면, 누가는 예수님으로 시작하여 아브라함뿐 아니라 아담에게까지 거꾸로 올라간다.

누가는 왜 구주의 혈통을 아담까지 거슬러 추적해가는 것일까? 우연일 리는 없다. 누가처럼 신중한 저자가 생각 없이 그랬을 리도 없다. 그는 뭔가 의미심장한 것을 말하고 있다. 그것이 과연 무엇일까?

예수님이 공격자다

누가는 사도 바울과 함께 전도여행을 떠나곤 했다. 그 사실에 비추어볼 때 지금 누가는 바울이 교리적으로 표현했던 예수님의 시험의 중요성을 전기(傳記)적으로 표현하는 것일지 모른다.

바울의 역사관은 아주 기본적인 방식으로 묘사될 수 있다. 하나님께서 아담을 피조물의 머리로 창조하셨고, 그는 피조물을 다스리도록, 피조물의 왕이자 경작자가 되도록 부름 받았다.

하지만 아담은 죄를 지었고 온 인류를 자기에게 끌어들였다. 그를 중심으로 창조질서가 역방향으로 뒤집혔다. 아담으로부터 흘러나온 것은 불순종, 심판, 그리고 사망이다. 그런데 하나님께서 둘째 사람이자 마지막 아담[2]을 보내셨다. 아담의 죗값을 치르기 위해서, 그리고 자기 백성들의 삶

과 창조질서를 순방향으로 나아가게 하시기 위해서다.[31]

이것이 바로 우리가 우리 자신에 관해 무엇을 배울 수 있는지를 최우선으로 알아내려는 충동을 피해야 하는 이유다.

누가는 주님의 사역을 우주적 문맥 안에 놓았다. 예수님께서 아담의 혈통으로 들어가셨다. 둘째 사람이자 마지막 아담으로서 사탄과 싸우기 위해 최전방으로 이끌리신 것이다.

이것은 에덴의 재연이다. 하지만 이번에는 (마가가 지적하듯이) 동물들이 아담에게 이름 지어지고 아담에게 순종하던 곳, 먹을 것과 아름다움이 풍성하던 동산이 아니다. 예수님이 계신 곳은 음식도 물도 없는 곳, 들짐승이 으르렁거리는 광야다(막 1:13).

예수님이 이 땅에 오신 것은 패배가 있는 곳에서 승리를 얻고, 불순종이 있는 곳에서 순종하고, 유죄 판결이 있는 곳에서 의롭다 하심을 받고, 속박이 있는 곳에 자유를 가져오고, 질병이 있는 곳에 치유를, 분열이 있는 곳에 하나 됨을, 소외가 있는 곳에 화합을 가져오고, 저주가 있는 곳에 축복을, 사망이 있는 곳에 생명을 가져오시기 위함이었다.

즉 예수님의 시험에 대한 누가의 기록은 아담이 실패했던 것을 예수님이 완성하셨음을 말해준다. 아담으로 인해 훼손된 하나님의 형상이 그리스도를 통해 회복되고 있다. 우리가 이르지 못했던 영광이 회복되고 있다. 이것을 이루시고자 예수님은 아담과 우리의 혈통으로 들어가셨다!

죽으심과 부활을 통해 그리스도는 궁극적으로 이 모든 일을 완성하실 것이다. 그러기 위해 우선 에덴동산에서 아담과 하와를 패배시켰던 원수와 직면하셔야 한다.

그러므로 광야 시험은 일종의 재경기에 해당한다. 아담이 실패하고 유혹에 넘어졌던 그곳에서 예수님이 승리하실 것이다. 목표는 예수님이 머리가 되시는 새로운 인간의 구원과 재창조다. 그 결과 우리는 창조되었던 본래의 모습으로 회복되고 재창조될 것이다.

마르틴 루터는 이 사실을 분명하게 깨닫고 그의 위대한 찬송시 '내 주는 강한 성이요'에 생생히 표현했다. 영국에서 가장 대중적으로 불리는 버전[4]에 다음과 같은 가사가 들어있다.

옛 지옥의 군주가 넘어뜨리려고 일어났도다.
모략과 권세의 강한 갑옷을 지금 그가 입었도다.
천하에 누가 대적하리요.
무기의 힘으로는 아무것도 할 수 없다네.
우리는 곧 짓밟혔지만, 우리를 위해 적임자가 싸우신다.
그대에게 묻는다.
이와 같은 분이 누구냐?
그리스도 예수가 그분의 이름이다.
만군의 여호와의 아들이신 오직 그분만이
전쟁에서 승리하시리로다.

이것이 진리다. 루터는 현재의 우리 영적 전쟁에 관해 말하고 있다. 그러나 누가는 여기에 더하여 이 일에 현재가 아닌 과거 시제를 사용하라고 권한다.

우리를 위해 적임자가 싸우셨다.
오직 그분만이 전쟁에서 승리하셨다.

복음서에 **시험이 예수님께 온 것이 아니라 예수님이 시험의 영토 안으로 들어가셨다**고 기록된 이유가 바로 이것이다. 우리가 유혹에 직면할 때, 복음서는 우리에게 "도망치시오!"라고 말한다. 반면 성령에 이끌리셨던 예수님은 "도망치시오. 마귀가 오고 있습니다!"라는 말을 듣지 않으신다. 오히려 "마귀의 영토로 들어가시오. 마귀와 맞서 그를 패배시키시오. 당신이 세례를 받고 성령의 기름부음을 받은 이유가 바로 이 일을 위함입니다."라는 말을 들으신다.

그래서 누가는 예수님을 시험의 **희생자**로 그리지 않는다. 예수님은 오히려 **공격자**다. 어둠의 세력에 대항하여 '전쟁에 나가시는 하나님의 강한 아들'이시다.[5]

나중에 누가는 예수님의 진술에서 이것에 대한 실마리를 제공한다.

"강한 자가 무장을 하고 자기 집을 지킬 때에는 그 소유가 안전하되 더 강한 자가 와서 그를 굴복시킬 때에는 그가 믿던 무장을 빼앗고 그의 재물을 나누느니라"(눅 11:21–22).

사탄의 관심

사탄이 우리 인생에 만들어놓은 멸망으로부터 해방되려면, 먼저 사탄의 영토가 침략당해야 하고 사탄의 권세가 빼앗겨야 한다. 그 후에야 포로들이 해방될 수 있다.

이것이 바로 예수님께서 하신 일이다. 예수님은 무장한 강한 자, 곧 마귀의 궁에 들어가고 계시다. 마귀를 결박하기 위해서다. 누가복음의 나머지 구절은 예수님이 어떻게 그 무장한 강한 자를 결박했는지 보여준다.

- 예수님은 이미 그분의 나라가 왔기에 사람들이 믿음에 이른다고 설교하신다.
- 예수님은 귀신들을 쫓아내신다. 이미 그들의 왕을 패배시키셨기 때문이다.
- 예수님은 타락으로 파괴된 삶을 고치신다. 병든 자를 치유하시고, 눈먼 자를 보게 하시며, 한센병자를 깨끗케 하시고, 심지어 죽은 자를 살리신다.

이 모든 것이 바로 메시아 시대가 도래한다는 구약 예언의 성취다.[6] 이것은 다양한 방식으로 하나님 나라의 모습을 엿보게 해준다. 하지만 무엇보다도 예수님은 하나님의 나라가 악한 자의 세력 안에 놓인(요일 5:19) 세상으로 갈 수 있도록 교두보를 만드셔야 했다.

1단계는 완성되었다. 예수님이 우리 인간으로 성육신하신 것이다. 2단계 역시 완성되었다. 예수님은 30년 동안 왕 같은 제사장 사역과 선지자의 사역을 준비하셨다.

이제 3단계가 시작되었다. 예수님께서 메시아 사역의 공식적인 단계에 이르셨다. 첫 임무는 마귀를 처리하는 것이다.

그러므로 예수님의 3중 시험을 생각할 때 그분의 신성에 너무 많이 초점을 맞추면 안 된다. 그보다는 우리의 육신을 입으신 하나님의 아들로 초점을 맞추어야 한다.

여기서 우리는 예수님을 둘째 사람이자 마지막 아담으로 묘사하는 성경적 관점으로 보아야 한다. 성경은 첫 사람, 첫 아담으로 인해 얽매이게 된 우리의 속박을 그분이 풀어주시기 위해 오셨다고 묘사한다. 사탄은 그분의 신성을 시험하는 데 아무 관심이 없다. 하나님은 죄의 유혹을 받지 않으신다는 것을 잘 알기 때문이다. 그보다는 구주가 수행해야 할 사역을 파멸시키는 데 초점을 맞춘다. 하지만 결과적으로 사탄의 왕국이 그분의 사역에 의해 파멸될 것이다.

돌로 떡을 만드는 것이 왜 시험일까?

광야 시험에 대한 마태와 누가의 기사에서 첫 번째 유혹은 돌을 떡으로 바꾸는 것이었다.

"마귀가 이르되 네가 만일 하나님의 아들이어든 이 돌들에게 명하여 떡이 되게 하라"[7]

예수님은 40일간 광야에 계셨고 그사이 "아무것도 잡수시지 않았다." 누가는 아무 이유 없이, 그러나 의심할 바 없이 요점을 강조하기 위해 이렇게 덧붙인다. "날 수가 다하매 주리신지라"(눅 4:2). 구주께서 얼마나 지독하게 굶주리고 약해지셨겠는가.

큰 그림을 기억하라. 예수님이 아담의 혈통으로 들어가신 것은 다시 시작하시기 위해서였다. 하지만 처음이 아니라 끝에서 시작하셔야 한다. 예수님은 하나를 제외한 모든 과일을 먹을 수 있는 동산에 계신 것이 아니다. 인간 동반자가 있으신 것도 아니다. 풍성한 먹거리로 충분한 영양을 공급받으신 것도 아니다. 금식으로 약해지신 상태다. 배고픈 고통을 느끼셨고 혼자이시다. 육체의 에너지가 거의 소진되셨다.

바로 이때 마귀가 찾아와 첫 번째 문제를 냈다. "네가 만일 하나님의 아들이어든 이 돌들에게 명하여 떡이 되게 하라."

이것이 왜 유혹인가?

유혹은 항상 도덕적으로 옳지 않은 것을 하라고 권한다. 그렇다면 예수님이 돌을 떡으로 만드시는 것이 왜 도덕적으로 옳지 않은가?

불과 몇 단락 앞에서 누가는 세례요한이 "하나님이 능히 이 돌들로도 아브라함의 자손이 되게 하시리라"(눅 3:8) 말했다고 기록했다. 그런데 예수님이 주리신 때에 돌로 떡을 만드시는 것이 무슨 잘못이란 말인가? 게다가 몇 장 지나서 누가는 예수님이 떡으로 더 많은 떡을, 심지어 5천 명이 먹고도 남을 만큼 많은 떡을 만드시는 과정을 묘사했다(눅 9:10-17). 대체 떡 몇 덩이로 수천 명을 먹이신 것과 돌 하나로 자신이 먹을 만큼의 떡을 만드는 것 사이에 무슨 차이가 있는가? 왜 이것이 예수님께 **시험**이 되는 것인가?

사탄이 예수님께 말한다. "네가 **만일** 하나님의 아들이어든 이 돌들에게 명하여 떡이 되게 하라." 이 말은 마치 예수님이 그분의 신적 정체성을 의심하게 하려는 것처럼 이해되곤 한다. 그러나 '만일'(if)이라는 단어는 '-때문에'(since)라는 뜻일 가능성이 훨씬 높다.[8] 즉 마귀는 지금 예수님께 이렇게 말하고 있는 것이다.

예수님, 당신에겐 하나님의 아들로서의 권리가 있지 않습니까. 주리고, 목마르고, 외롭고, 약해져야 할 의무가 없잖아요. 당신이 하나님의 아들로 권리를 행사한다 해도 아무 문제가 없어요. 부도덕한 일이 아니라고요. 안 그렇습니까? 세상의 모든 돌이 당신의 피조물이고, 모든 떡이 온 우주를 붙들고 계신 당신의 섭리에 의존합니다. 만일 당신(하나님의 아들)이 배가 고파서 돌을 떡이 되게 하더라도 전혀 잘못하는 게 아니라고요.

어떤가? 사탄의 논리에 결함이 있는가? 혹 **부도덕**하지는 않은가? 마귀가 지금 무슨 짓을 하고 있는지 알겠는가?

마귀는 대단히 교활하다. 그는 예수님을 하나님의 아들로 부르면서, 아무도 빼앗을 수 없는 하나님의 아들로서의 권리를 사용하라고 제안한다. 하지만 예수님이 지금 광야에 계신 것은 하나님의 아들로서 뭔가 필요하시기 때문이 아니다.

그분은 둘째 **사람**으로 그곳에 계셨다. 아담이 금지된 열매를 먹음으로써 불순종하게 되었던 곳에서 예수님은 그 열매를 따지도, 먹지도 않으며 순종하실 것이다. 오직 그런 방법으로만 예수님은 첫 사람이 했던 일을 원상태로 돌리시고 첫 사람이 실패했던 일을 이루시는 '거꾸로 아담'이 되실 수 있다.

이렇듯 마귀는 예수님의 소명을 불시에 공격했다. 예수님은 하나님의 본체이시나 하나님과 동등됨을 취할 것으로 여기지 아니하시기에 자신을 종으로 낮추시고 죽기까지, 심지어 십자가에서 죽기까지 복종하기로 하셨다. 그것이 예수님의 현재 소명이다(빌 2:5-8 참고). 따라서 진짜 문제는 '예수님이 성부 하나님과의 언약을 계속해서 지켜나가고, 성령 하나님의 도움으로 비하(卑下, 성자 하나님께서 사람으로 이 땅에 내려오시고 고난당하시고 죽으시고 장사되어 사망의 권세 아래 3일 동안 머무시기까지에 이르는 수치와 고난의 과정-역주)의 상태를 견뎌낼 것인가'의 여부다.

떡과 말씀 사이에서

육체적으로 연약해지신(추측컨대 예수님은 굶주림으로 현기증이 날 지경이셨을 것이다) 예수님의 인성을 이용하려 하다니, 사탄이 얼마나 사악한가.

그렇게 약해진 상태에서는 명확하게 생각하지 못하는 법이다. 그래서 사탄도 예수님의 지성과 그분의 사역에 대한 분별력을 공격하고 있다. "자, 지금은 신성에 초점을 맞춥시다. 이 돌을 떡으로 만드는 건 아무 잘못이 아니에요. 당신은 하나님의 아들이니까요."라고 말이다.

거기에 예수님께서 어떻게 저항하셨는지 주목하라. 특히 예수님께서 "**사람**이 떡으로만 살 것이 아니라"고 강조하신 것을 보라. 이것은 "당신은 하나님의 아들입니다. 그러므로…"로 시작되는 공격에 대한 방어다. 예수님은 소명을 잊지 않으신다. 오히려 이렇게 응대하신다.

나는 특권을 행사하기 위해 이 세상에 온 것이 아니다. …**인간을 위해** 여기에 있다. 그러므로 나는 **인간으로** 살아야 한다. 게다가 나의 소명은 비하와 연약함과 거절을 경험하는 것, 내 필요를 충족시키는 것이 아니라 하나님의 입으로부터 나오는 모든 말씀으로 사는 것이다. 나의 배고픔을 완화시키고 종의 상태에서 오는 고통을 경감시키기 위해 돌을 떡이 되게 하느니, 죽음에 이르기까지 하나님의 말씀에 순종할 것이다. 설령 그것이 십자가에서의 죽음을 의미한다 해도 말이다!

에덴동산의 사건과 얼마나 상반되는가! 거기서도 음식이 이슈였고 유혹의 근원이었다. 뱀은 하와에게 (그리고 "그녀와 함께 있는" 아담에게[창 3:6]) 말했다. "먹어라. 너희는 결코 죽지 않고, 하나님과 같이 될 것이다." 그랬던 그가 이제 메시아에게 말한다. "하나님의 아들처럼 드십시오. 먹지 않으면 당신은 인간처럼 죽게 될 것입니다."

그러나 다음과 같은 예수님의 반응은 예수님의 대답을 더욱 강력하게 만들어준다.

아담과 달리 나는 (비록 내가 하나님일지라도!) 하나님처럼 되라는 너의 유혹에 넘어가지 않을 것이다. 나는 인간을 회복시키기 위해 인간으로 왔다. 그러므로 너에게 말한다. "**인간**인 나는 돌을 떡으로 만들어 내 입에 넣지 않을 것이다. 하나님의 입으로부터 나오는 모든 말씀으로 살 것이다."

그것은 악한 자를 아연실색케 하는 저항이다. 아담이 **높아짐**을 추구했던 곳에서 예수님은 **낮아짐**을 받아들이셨다. 당연히 이것이 핵심이다. 마귀의 온갖 전략의 배후에는 사역에 대한 예수님의 헌신을 일그러뜨리고 그분을 낮아짐에서 멀어지게 하려는 시도가 있다.

그러나 아직 끝이 아니다. 견뎌야 할 두 가지 시험이 남아 있다.

잃어버린 세계

사탄이 와서 예수님께 순식간에 천하만국을 보여주며 말한다. "이 모든 권위와 그 영광을 내가 네게 주리라 이것은 내게 넘겨준 것이므로… 그러므로 네가 만일 내게 절하면 다 네 것이 되리라"(눅 4:6-7).

첫 번째 유혹에 실패하면 대개는 두 번째 유혹에서 더욱 나사를 조이지 않는가? 그렇다면 이게 더 강력한 유혹이란 말인가? 너무 뻔하지 않은가? 왜 마귀는 이런 식으로 예수님의 환심을 얻을 수 있을 거라 생각했을까?

이것이 당신에게 유혹이 되는가? 물론 우리는 연약한 크리스천이다. 하지만 만약 사탄이 "내가 너에게 천하만국을 주겠다"고 한다면 당신은 그냥 웃어넘기지 않을까? 이건 당신에게 전혀 현실성 없는 유혹이다. 당신에게도 결점이 있겠지만, 그렇다고 과대망상증 환자는 아니다. 당신은 세상을 지배하는 것을 진지하게 원해본 적이 없다!

그렇다면 왜 이것이 온유하고 겸손하신 예수님께 유혹이 되는 걸까? 왜 예수님은 그걸 가볍게 떨쳐버리고 "첫 번째 유혹이 더 낫구나!"라고 말하지 않으셨을까?

이것은 분명 매우 강력한 유혹이었던 것이 틀림없다. 그렇지 않다면 왜 마귀가 시도했겠는가!

사탄은 거짓말쟁이지만 그가 예수님께 줄 수 있다고 주장하는 내용에는 중요한 진리가 있다.

세상은 사탄의 권세 아래 있다. 쉽게 말해 그는 "이 세상의 신"이다(고후 4:4). "온 세상은 악한 자 안에 처한 것"이다(요일 5:19).

그는 지금 예수님께 아담에 의해 상실된 것(하나님은 본래 아담에게 이 통치권을 위임하셨다)[9]을 다시 제안하고 있다. 예수님이 세상에 오신 이유가 바로 그것을 얻기 위함인데, 그렇게 하면 당장 그 목적을 이룰 수가 있다. 게다가 십자가 없이 전부를 가질 수 있다! 이것이 바로 사탄의 제안이 매우 현실적인 유혹인 이유다.

누군가 당신에게 전혀 흥미 없는 것으로 당신을 유혹할 수 있다.

예를 들어 만약 당신이 내 잘못을 조용히 덮어준다면, 나는 당신을 스코틀랜드로 날아오게 해서 카누스티의 챔피언십 코스(세계에서 가장 힘난한 골프 코스-역주)와 세인트 앤드류스의 올드 코스(세계적으로 유서 깊은 골프 코스-역주)에서 골프를 치게 해줄 것이다. 그러면 당신은 벤 호건과 잭 니클라우스가 오픈 챔피언십을 거머쥐었던 잔디 위를 걷게 되는 것이다.

그런데 당신은 골프에 관심이 없다. 그래서 나의 유혹으로는 당신을 넘어오게 할 수 없다.

하지만 당신이 골프를 좋아한다면, 이 제안은 대단히 구미 당기는 것 아닐까?

앞서 말했지만, 광야에서 시험받으시는 성경본문 배후에는 창조기사, 특히 창세기 1장 26-28절이 놓여있다. 하나님은 아담을 창조하셔서 그가 모든 피조물을 다스리게 하셨다. 그 일을 위해 아담에게 에덴동산이 주어졌고,[10] 그것을 돌보고[11] 그 경계가 온 땅을 뒤덮을 때까지 (후손들과 함께) 그것을 확장해가는 신성한 임무가 주어졌다.

하지만 아담은 자기 인생을 위한 계획도, 동산에서의 자리도 잃어버렸다. 그가 왕으로 다스렸던 세상이 그와 함께 결과물을 나누었고(창 3:17-19), 결국 자신의 통치권을 빼앗겼다.

하지만 하나님은 우리의 첫 부모에게 회복의 약속, 궁극적으로 예수님께로 이어지는 약속을 주셨다.

- 하와의 후손에게서 승리자가 등장할 것이다. 그는 뱀과 원수가 되어 뱀을 패배시킬 것이다(창 3:15).
- 이후 이 약속은 아브라함의 씨로 좁혀졌다. 그로 말미암아 땅의 모든 족속이 복을 얻을 것이다(창 12:3).
- 성부께서 성자에게 하신 약속, 곧 시편 2편 8절에 기록된 "내게 구하라 내가 이방 나라를 네 유업으로 주리니"라는 구절은 이 약속의 의미를 더욱 심도 있게 묘사한다.
- 다니엘의 환상, 곧 인자가 옛적부터 항상 계신 이에게서 나라를 받고 그것을 자기 백성들과 함께 나누는 환상은 이 약속을 훨씬 더 명확하게 만들었다(단 7:13-14, 27).
- 요한계시록은 이 약속의 궁극적인 성취를 묘사한다. "세상 나라가 우리 주와 그의 그리스도의 나라가 되어 그가 세세토록 왕 노릇 하시리로다"(계 11:15).

이것이 바로 하나님의 아들이 세상에 오셔서 성취하려고 하신 바다. 그분은 우리 죄를 용서하러 오셨다.

그러나 죄 용서도 새로운 인간성 창조와 창조질서 회복을 위한 수단이었다. 예수님은 죽음을 이기시고 부활하신 후 하나님의 보좌로 승천하시면서 "하늘과 땅의 모든 권세(혹은 통치)를 내게 주셨으니"(마 28:18)라고 공포하셨다.

아담에 의해 상실된 것이 그리스도 안에서 회복된 것이다.

십자가 없는 회복?

마귀의 시험을 이런 맥락 안에 놓을 때, 우리는 그가 이렇게 말하는 것을 그려볼 수 있다.

당신은 천하만국을 다스리는 권세를 얻기 위해 세상에 오지 않았습니까? 지금 당장 가질 수 있습니다. 남은 생애 동안 당신 위에 드리워질 십자가의 검은 그림자 없이 말입니다. 한번 생각해보세요. 그렇게 하면 하나님께 버림받는 느낌을 경험하지 않아도 됩니다. 스스로 어둠 속으로 들어갈 필요가 없다니까요. 내가 당신에게 제안하는 다른 길을 잡으세요. 더 이상 고난받을 필요가 없습니다. 더 이상의 수치도, 고통도 없을 겁니다. 당신이 그토록 갈망했던 모든 것을 갖게 될 겁니다. 덤으로 십자가도 피하고 말이죠. 당신이 할 일은 그저 내 앞에 무릎 꿇고 비는 것 뿐이에요.

마귀는 예수님의 깊은 본능에 강력하게 호소했다. 예수님의 인성을 괴롭혔을 지독한 연약함을 영원히 끝내는 방법이었다. 더 이상 파도를 거슬러 헤엄칠 필요가 없는, 그야말로 현실적인 시험이었다. 하지만 예수님은 그 유혹의 교묘한 본질을 꿰뚫어 보셨고 온 힘을 다해 저항하셨다. 예수님의 대답에 주목하라.

그렇다, 사탄아. 하지만 나는 네 말을 꿰뚫어 본다. 나는 너의 교활함에 속지 않을 것이다. 너는 내게 요구하는구나. 아담의 행동(하나님의 음성보다 너의 음성에 귀 기울이는 것)을 되풀이하는 것으로 그가 잃어버린 것을 다시 찾으라고 말이야.

여기서 우리 주님의 반응을 살펴보자. "기록된바 주 너의 하나님(자세하게 설명된 것에 주목하라)께 경배하고 다만 그를 섬기라('다만'과 '섬기라'에 주목하라) 하였느니라"(눅 4:8).
이 단어들이 왜 중요할까?
왜냐하면 우리가 이제까지 살펴본 본문들이 주 예수님께서 자신의 전 생애와 사역을 바라보시는 렌즈이기 때문이다.
이사야의 예언에서 여호와의 종은 하늘 아버지의 뜻과 방법에 복종할 자로 등장한다. 설령 그것이 치욕과 소외감과 황폐함과 심지어 하나님으로부터 버림받는, **고난받는 종**을 의미할지라도 말이다.
예수님은 마귀에게 이렇게 말씀하신다.

나는 모든 나라를 다시 얻기 위해 이 세상에 왔다. 하지만 나는 이 일이 오직 겸손하고 순종하고 십자가에 못 박히는 종에 의해서만 이루어질 수 있음을 안다. 그러므로 나는 내 아버지 하나님 앞에만 절하겠다.

여기서 우리는 그리스도께서 이 땅에 다시 오실 때 하실 일들에 관한 바울의 말을 실감하게 된다. 그분은 재구성되고 변화된 우주와 구속된 백성들을 성부 하나님 앞으로 데려오실 것이다. 그리고 본래 아담이 가져왔어야 할 것을 하나님께 되돌려드리며 그분 앞에 절하실 것이다.

"만물을 그에게 복종하게 하실 때에는 아들 자신도 그때에 만물을 자기에게 복종하게 하신 이에게 복종하게 되리니 이는 하나님이 만유의 주로서 만유 안에 계시려 하심이라"(고전 15:28).

이 구절은 마치 성자가 성부보다 하위 신성이라는 듯 **존재론적**으로 말하지 않는다.

여기서 바울은 **하나님의 구원사역적 관점**으로 사고한다.[12] 성육신하신 성자께서 우리의 대표로 하늘의 성부께 절하시며 "아버지, 다 이루었습니다. 다 갚았습니다. 회복시켰고, 변화시켰습니다. 이제 그것을 당신께 가져옵니다. 당신께 드리는 사랑의 선물입니다."라고 말씀하실 것이다. 이렇게 절하며 말씀하시는 것은 자기에 대한 예언을 모두 성취하신 둘째 사람이자 마지막 아담으로서의 자격이다.

그런 다음 예수님은 아담이 했던 모든 일을 원상태로 돌리시고, 아담이 실패했던 바를 완성하실 것이다. 그러면 마침내 하나님의 영광이 온 땅에 가득하게 될 것이다.

주 예수님은 6주간의 금식과 외로움과 추위와 더위가 야기하는 육체와 정신의 온갖 부작용 및 배고픔과 목마름을 경험하실지라도, 저 영광스러운 날에 가져올 것을 위해 마귀에게 결코 굴복하지 않으실 것이다!

자, 이제 마지막 시험이 남아 있다.

종의 사명 vs 아들의 권리

누가복음에 기록된 세 번째 시험은 마귀가 예수님을 성전 꼭대기로 데려가 "네가 만일 하나님의 아들이어든 여기서 뛰어내리라"고 한 것이다(눅 4:9).[13]

누가가 시험을 기록한 순서는 마태와 다르다. 마태는 ① '돌을 떡으로 만들라.' ② '성전 꼭대기에서 뛰어내리라.' ③ '내 앞에 절하면 천하만국을 줄 것이다.' 순으로 기록했다.

두 저자 모두 원래의 시간적 순서를 따르기보다 특별한 서술의 문맥 안에 시험의 의미를 두었던 것 같다.

마태의 기사에서 시험이 어떻게 클라이맥스를 향해 나아가는지 아는 것은 어렵지 않다.

마태복음은 동방박사들이 **열방에서** 아기 예수께 나아오는 것을 시작으로 부활하신 예수께서 제자들을 **열방으로** 보내시는 것에서 끝난다.[14] 따라서 클라이맥스의 시험은 열방과 연관된다.

하지만 누가는 시험을 다른 관점에서 묘사하고 있다. 성전 꼭대기가 정확히 예루살렘 성전 어디에 해당하든, 누가는 그것을 하나님의 도성인 예루살렘의 가장 높은 곳이자 우주의 중심으로 간주한다. 마귀가 예수님께 하는 말 속에 바로 그 함의가 들어있다.

> 당신은 하나님의 아들이니까 성전 꼭대기에서 뛰어내리십시오. 하나님께서 천사들이 당신을 보호할 거라고 약속하셨잖아요! 온 우주에 당신이 하나님의 말씀을 신뢰한다는 걸 보여주세요. 그러면 사람들이 당신을 따르려고 모여들 것입니다. 우리 둘 다 이 말씀을 알고 있지요.

"그가 너를 위하여 그의 천사들을 명령하사 네 모든 길에서 너를 지키게 하심이라."

"그들이 그들의 손으로 너를 붙들어 발이 돌에 부딪히지 아니하게 하리라."[15]

그러니 예수여, 뛰어내리십시오. 당신이 하나님의 보호하심을 신뢰한다는 걸 세상에 알리는 중요한 표시입니다. 그것만으로도 세상이 당신 앞에 절하게 될 것입니다!

여기서 무언가 잘못된 것을 발견할 수 있는가? 만약 창조 때 새벽 별들이 함께 노래할 수 있다면, 언젠가 나무들이 기쁨에 겨워 손뼉을 칠 수 있다면(욥 38:7; 사 55:12), 하나님의 아들이 자기의 종들, 곧 하늘 아버지 집의 천사들을 신뢰함을 보여주는 데 무슨 문제가 있는가? 거기에 무슨 잘못이 있을 수 있단 말인가? 어쨌거나 그분은 하나님의 아들 아니신가!

하지만 그것이 바로 문제다. 그분은 하나님의 아들이시지만 인간을 위해 인간으로 오셨다. 우리의 연약함, 우리의 부족함, 우리의 수치, 우리의 치욕을 짊어지기 위해 세상에 오셨다. 그분이 오신 것은 자신이 창조하신 세상에서 놀기 위함이 아니요, 몸소 엄청난 대가를 지불하며 세상을 구원하기 위함이었다.

여기서 사탄은 다시 한 번 낡은 수법을 쓴다. 고난받는 종의 사명에서 하나님 아들의 권리로 예수님의 관심을 돌리려는 것이다. 하나님의 아들이 성전에서 놀면 안 될 이유가 무엇인가? 그곳은 자기 아버지의 집이 아닌가!

하지만 여기에는 그 이상의 의미가 있다.

'인용'의 탈을 쓴 '왜곡'

이 시험의 본질은 우리 주님이 반응하신 방식에 가장 명확하게 드러난다. 예수님께서 신명기 6장 16절("하나님을 시험하지 말라")을 인용하신 것은 세 번째 시험의 특징에 대한 직접적인 부인이다.

그렇다면 성전 꼭대기에서 뛰어내리는 것이 어떻게 하나님을 '시험'한다는 걸까?[16]

지금까지 마귀에게 성경을 인용하신 분은 예수님이다.[17] 그런데 세 번째 시험에서는 마귀가 성경을 인용하며 예수님을 공격하고 있다! 마치 "당신은 하나님의 말씀을 신뢰하는군요. 그렇다면 당신이 진짜 말씀을 신뢰하는지 보여주십시오. 뛰어내리십시오! 당신은 천사들의 왕이십니다. 천사들이 당신을 잡아줄 것을 의심하지 않잖아요. 혹시… 의심하시나요?"라는 식으로 말이다.

왠지 에덴동산에서와 비슷한 말투가 느껴지지 않는가?

사탄은 다시 한 번 하나님의 말씀을 왜곡하고 있다.[18] 하나님을 시험하기 위해 예수님을 유혹하고 있다. 하나님께서 자기를 돌보시고 자기에게 어떤 해(害)도 일어나지 않기 원하신다는 것을 예수님이 정말 확신하시는지 시험하는 것이다.

여기에는 분명 에덴동산에서 뱀이 하와에게 빈정거리고, 그녀를 통해 아담에게 빈정거린 것이 반복되고 있다.

그게 다가 아니다. 마귀가 예수님을 끌어들인 이 광경의 파급력을 생각해보라! 그분이 정녕 하나님의 아들이라는 사실이 누구에게도 의심을 남기지 않고 새겨질 것이다. 모두가 예수님을 따르게 될 것이다! 그러나 우리 주님의 대답에서 무엇이 핵심인지에 주목하라.

사탄아, 너는 아주 멋진 성경구절을 인용했구나. 하지만 성경을 성경과 비교하는 데 실패하여 그 구절을 왜곡하고 말았다. 너는 메시아에게 한 번의 화려한 행동으로 백성들을 얻으라고 유혹하고 있다. 흐르는 세월에 맞춰 오랫동안 천천히 경험해야 할 치욕, 거절, 소외, 유죄 판결, 십자가, 죽음이 아닌 하나님의 약속 중 하나를 영광스럽게 신뢰하는 단 한 번의 행동으로 말이다. 하지만 죄인들이 구원받을 수 있는 유일한 방법은 그것이 아니다.

너는 나에게 그분의 구원 계획을 버리고 내가 직접 계획을 세워 하나님을 시험하라고 요구한다. 이스라엘 백성이 광야에서 보였던 행동을 나에게도 요구하는 것이지. 맛사에서 그들은 여호와를 시험하여 이르기를 "여호와께서 우리 중에 계신가 안 계신가" 하였다(출 17:7). 그들은 주리고 목마를 때 하나님의 말씀에 순종하기보다 초자연적인 능력을 보여달라고 요구했다. 그러나 나는 그렇게 하나님을 시험하지 않을 것이다. 하나님은 나에게 길을 보여주셨고, 나는 그 길에서 벗어나지 않을 것이다.

그래서 예수님은 이렇게 말씀하셨다. "주 너의 하나님을 시험하지 말라." 예수님은 그 대가가 무엇이든 하늘 아버지의 목적에 자신을 굴복시키셨다. 또한 아담(그리고 이스라엘)이 실패하고 넘어졌던 곳에서 순종하셨고 마귀의 모든 계략을 물리치셨다.

영광으로 가는 길

복음서 마지막에 부활절 사건을 기록하면서, 누가는 두 번에 걸쳐[19] 예수님께서 제자들에게 거룩한 모범을 설명하셨다고 적는다.

영광에 들어가려면 메시아는 자기 고난에 들어가야 한다. 내 아버지께서 말씀하셨다. "너는 내 아들이다. 그러나 네가 여기에 온 것은 고난받는 종으로 섬기기 위함이다. 너는 메시아다. 하지만 평생의 순종과 십자가의 저주를 감당해야 한다. 그래야 아담의 불순종을 원상태로 되돌릴 수 있다. 너는 진정 내 아들이고 나는 너를 사랑하지만 죄인들을 대신하여 십자가에서 죽기까지 몸을 낮추어야 한다. 그래야 아담이 유죄 판결을 받았던 곳에 회복을 가져올 수 있다. 그러므로 놀라지 말라. 영광으로 가는 길은(그리고 내가 너를 영광스럽게 할 유일한 방법은) 비하를 통해서다.

예수님은 마귀의 세 가지 공격에 저항하셨고, 마귀의 영토에서 그를 패배시키셨다. 그의 가면을 벗기셨다.

마귀는 아담과 하와에게 했던 것처럼 예수님의 미각과 시각에 호소했지만, 예수님은 하나님의 말씀과 그에 대한 해석에 호소하셨다. 단시간의 방법으로 승리하라는 제안을 받으셨을 때도 예수님은 마귀의 계략을 간파하시고 오랜 시간의 신실함에 자신을 헌신하셨다. 십자가에서 멀어지게 하려는 마귀를 패배시키셨다.

더 나아가 가면 뒤에 가려진 마귀가 진짜 어떤 존재인지를 폭로하셨다. 그는 하나님의 원수인 동시에 인간의 원수다.

이와 같이 예수님의 시험을 통해 우리는 유혹에 대응하는 방법에 관한 많은 것을 배울 수 있다.

하지만 누가의 요점은 그게 아니다. 그는 우리가 시선을 예수님께 고정하기 원한다.

존 헨리 뉴먼이 이 점을 잘 이해했다.

오, 우리 하나님의 사랑스런 지혜여!
온통 죄와 수치뿐이었을 때
싸우시고 구원하시려고
둘째 아담이 오셨도다.

오, 지혜로운 사랑이여!
아담 안에서 실패했던 그 혈과 육이
적군과 격렬히 싸우시리라.
반드시 싸우시고, 반드시 이기시리라.[20]

"우리는 그의 크신 위엄을 본 자라 지극히 큰 영광 중에서 이러한 소리가 그에게 나기를 이는 내 사랑하는 아들이요 내 기뻐하는 자라 하실 때에 그가 하나님 아버지께 존귀와 영광을 받으셨느니라" **벧후 1:17**

4. 변화산 — 변모

오르셨던 그 산 꼭대기에서
그 옷이 빛나고 있는 이 누구신가?

주님이시다! 오, 놀라운 이야기여!
주님이시다! 영광의 왕이시다!
그 발 앞에 겸손히 엎드리네.
왕으로 모시세, 만유의 주를 왕으로 모시세.

눅 9:28-36

이 말씀을 하신 후 팔 일쯤 되어
예수께서 베드로와 요한과 야고보를 데리고 기도하시러 산에 올라가사 기도하실 때에
용모가 변화되고 그 옷이 희어져 광채가 나더라
문득 두 사람이 예수와 함께 말하니 이는 모세와 엘리야라
영광 중에 나타나서 장차 예수께서 예루살렘에서 별세하실 것을 말할새
베드로와 및 함께 있는 자들이 깊이 졸다가 온전히 깨어나
예수의 영광과 및 함께 선 두 사람을 보더니
두 사람이 떠날 때에 베드로가 예수께 여짜오되
주여 우리가 여기 있는 것이 좋사오니 우리가 초막 셋을 짓되
하나는 주를 위하여, 하나는 모세를 위하여, 하나는 엘리야를 위하여 하사이다 하되
자기가 하는 말을 자기도 알지 못하더라
이 말 할 즈음에 구름이 와서 그들을 덮는지라
구름 속으로 들어갈 때에 그들이 무서워하더니 구름 속에서 소리가 나서 이르되
이는 나의 아들 곧 택함을 받은 자니 너희는 그의 말을 들으라 하고
소리가 그치매 오직 예수만 보이더라
제자들이 잠잠하여 그 본 것을 무엇이든지 그때에는 아무에게도 이르지 아니하니라

영국에서 보낸 학창시절은 종교적인 가르침이 교육의 기준이었다. 하지만 때로는 그냥 성경구절을 암송하는 것에 불과할 때도 있었다. 그것도 전부 킹 제임스 버전으로 말이다.

그때는 성경말씀이 대체로 장황해 보였다. 하지만 이사야 53장은 달랐다. 당시 나는 그 본문에 푹 빠져들었다. 초등학교 때 선생님은 이 본문(네 번째 종의 노래)이 사실상 52장에서부터 시작된다는 사실을 모르셨다. 그럼에도 불구하고 고대 예언 속 구주에 관한 충격적인 진술은 어린아이조차 매료될 정도였다.

"그는… 고운 모양도 없고 풍채도 없은즉 우리가 보기에 흠모할 만한 아름다운 것이 없도다"(사 53:2).[1]

우리에겐 그분의 초상화 네 점(사복음서)이 있다. 그런데도 그분이 어떻게 생기셨는지 전혀 아는 바가 없다는 사실이 놀랍지 않은가?

복음서에는 그분의 외모에 관한 언급이 한 마디도 없다. 역사적으로 사도 바울에 관한 묘사 일부가 전해지지만, 그것조차도 우리가 상상했던 바와 별로 다르지 않다![2] 하지만 예수님에 관해서는 그럴 만한 내용이 전혀 없다. 심지어 길을 가다 마주쳐도 알아보지 못할 정도로 말이다.

4. 변화산 — 변모

잊을 수 없는 사건

그런데 짧은 찰나에 그 모든 것이 변했다. 흔히 '변모'라고 묘사되는 사건에서 예수님의 용모가 극적으로 변화된 것이다.

"이 말씀을 하신 후 팔 일쯤 되어 예수께서 베드로와 요한과 야고보를 데리고 기도하시러 산에 올라가사 기도하실 때에 용모가 변화되고 그 옷이 희어져 광채가 나더라"(눅 9:28-29).

사복음서 중 처음 세 복음서는 이 독특한 사건을 각각의 서술에서 중심에 둔다. 즉 예수님 생애의 중요한 전환점으로 보는 것이다.

그 즈음에 시몬 베드로는 예수님을 그리스도시요 살아계신 하나님의 아들로 고백했다.

이에 대해 예수님은 제자들에게 그 말의 의미(십자가의 고난과 죽음, 부활의 승리, 예루살렘에서 발생할 모든 일)를 가르치기 시작하셨다. 그리고 따르는 자들에게 이 모든 일의 함의를 설명하셨다. 십자가를 지고 그분을 따르지 않으면 누구도 그분의 제자가 될 수 없다고 말이다(눅 9:18-27).

바울에 의하면 그리스도인들은 반드시 "내게는 우리 주 예수 그리스도의 십자가 외에 결코 자랑할 것이 없으니 그리스도로 말미암아 세상이 나를 대하여 십자가에 못 박히고 내가 또한 세상을 대하여 그러하니라"(갈 6:14)라고 말할 수 있어야 했다.

그 일이 있은 후 예수님은 예루살렘을 향하여 올라가기로 굳게 결심하셨다(눅 9:51).

이것은 분명 돌이킬 수 없는 순간이다. 이른바 '주사위는 던져졌다.'

이러한 이유로 예수님은 자기가 죽은 자 가운데서 살아날 것(눅 9:22)이라고 제자들을 안심시키며 위로하셨다. 그리고 이렇게 약속하셨다. "여기 서 있는 사람 중에 죽기 전에 하나님의 나라를 볼 자들도 있느니라"(눅 9:27).[3]

하나님의 나라는 이 세상에 대한 예수님의 통치와 지배다. 예수님이 그 나라의 왕이시기 때문에 그 나라는 예수님 자체로 존재한다. 다시 말해 예수님이 계신 곳에 하나님의 나라가 있다.

하지만 예수님은 그의 나라를 무대 위로 올리셨다. 예수님은 이미 광야에서 승리하심으로써 이 세상에 그 나라를 위한 교두보를 만드셨고, 그 나라에 관해 설교하셨다(마 4:17, 23). 뒤따른 사역과 함께 예수님은 "하나님의 나라는 너희 안에 있느니라"(눅 17:21) 말씀하셨다. 또한 그 나라에 속한 백성에 대해 말씀하셨고 그들이 어떠해야 하는지도 설명하셨다(마 5:1-20).

하나님의 나라는 예수님께서 죄와 사망을 정복하게 되는 그분의 죽음과 부활로 더욱 명백히 드러났다. 예수님께서 하나님의 우편으로 승천하신 뒤, 오순절에 한 차원 높은 발전이 있었다. 그리고 그분의 통치가 여러 나라로 퍼져가기 시작했다.

그러나 신약성경에 의하면, 그리스도의 나라는 예수님의 재림 때 절정에 이를 것이다. 그때는 "세상 나라가 우리 주와 그의 그리스도의 나라가 되어 그가 세세토록 왕 노릇"할 것이기 때문이다(계 11:15).

그래서 예수님은 한편으로 그분의 제자가 되는 값비싼 대가를 강조하신 반면, 다른 한편으로는 십자가로 열린 은혜의 나라가 재림에 의해 열릴 영광의 나라가 될 것이라고 가르치셨다.

예수님께서 변모하신, 결코 잊어서는 안 될 그날, 제자들 중 일부가 그 중요한 사건을 엿보았다.

세 명의 목격자

그 중요한 사건의 목격자로 예수님은 세 명의 제자 베드로, 야고보, 요한을 데려가셨다.

하필 왜 이 세 명일까? 왜 안드레나 빌립이 아니었을까? 그곳에 도마가 있었다면 도마에게 큰 힘이 되지 않았을까?

어떤 의미에서 그들은 예수님의 '최측근'이었다. 그들은 전에도 이런 식으로 예수님과 함께 있으면서 야이로의 딸이 살아나는 것을 목격했다(눅 8:40-56). 예수님께서 특별히 그들을 택하신 것은, 이후 그들이 예수님의 비하를 목격하게 될 것을 아셨기 때문일까?

그 이유가 무엇이건, 예수님이 기도하실 때 그분의 얼굴이 변했고 옷이 변했다. 광채가 그들을 압도했다. 마치 천국의 습곡을 지나온 것처럼 모세와 엘리야가 등장했고, 그들은 예수님의 죽음에 관해 논의했다. 그 경험이 세 명의 제자를 육체적으로나 감정적으로 탈진하게 만들었던 것 같다. 그렇지 않다면 그들이 이 환상을 본 후 "깊은 잠에 빠졌다"는 사실을 어떻게 설명할 수 있겠는가!

예수님의 변모 사건에는 그 의미를 이해하게 해주는, 네 개의 실마리가 있다.

"광채가 나더라"

예수님의 용모가 변한 이 사건을 일반적으로 '변모'라고 부른다. 이것은 누가가 붙인 말이 아니다. 그는 단지 "용모가 변화되고 그 옷이 희어져 광채가 나더라"(눅 9:29)고 말했다.

예수님은 그때 기도 중이셨다. 예수님이 제자들과 함께 기도하실 때, 늘 상 이런 일이 일어나지는 않았다. 그때만 일어났다.

우리에겐 이 상황에 대한 자세한 설명이나 해설이 주어지지 않았다. 하지만 누가가 우리에게 몇 개의 실마리를 준다.

우리는 어느 정도 사람들의 외적인 변화에 익숙하다. 그래서 월요일 아침에 동료를 보고 "오늘 좀 침울해 보이는 걸." 하고 말한다. 혹은 금요일 저녁에 "오늘 밤 기분이 아주 좋아 보이는데요!"라고 말한다. 우리는 종종 친구가 사랑에 빠졌는지, 우울한지, 초조한지를 그저 얼굴만 보고 분별할 수 있다. 본인의 의지와 상관없이 내면의 기분이 어느 정도 겉으로 드러나기 때문이다. 그러면 다른 사람들은 그것을 즉시 알아챈다.

이것이 예수님께 일어난 일에 대한 하나의 실마리일 수 있다. 하지만 여기에 묘사되는 것은 그 이상이다.

이와 비슷한 경우는 모세가 시내산에서 하나님을 만났을 때다(출 34:29-35 참고). 모세가 하나님의 임재 밖으로 나왔을 때, 그의 피부는 빛으로 가득 채워진 것처럼 보였다. 아마도 하나님의 임재 안에 있는 것이 그의 신체에도 영향을 주었던 것 같다. 마치 하나님의 얼굴을 뵙기라도 한 것처럼, 그의 얼굴은 하나님의 영광을 반사하며 빛을 뿜었다. 달이 태양 빛을 반사하듯, 비길 데 없는 빛 가운데 거하시는 하나님을 반사했다. 사람이 자기의 친구와 이야기함같이 여호와께서는 모세와 "대면하여" 말씀하셨고 (출 33:11), 그 결과 모세는 빛을 뿜었다.

누가복음 앞부분에도 비슷한 사건이 기록되어 있다. 천사들이 베들레헴의 목동들에게 그리스도의 탄생을 알릴 때 "주의 영광이 그들을 두루 비추었다"(눅 2:9).

주일 저녁 교회 문 앞에 서서 사람들(성경말씀 속에서 주님의 얼굴을 응시하던 사람들)과 인사를 나눌 때, 우리는 그들의 얼굴이 빛나는 것을 목격한다. 어떤 이들은 삶의 무게를 덜었고, 어떤 이들은 삶에 대한 신선한 통찰력을 얻었다. 모두가 "여호와의 아름다움"을 바라봤던 다윗의 경험을 공유했다(시 27:4). 여호와의 축복이 그들 위에 선포되었다. "여호와는 그의 얼굴을 네게 비추사 은혜 베푸시기를 원하며 여호와는 그 얼굴을 네게로 향하여 드사 평강 주시기를 원하노라"(민 6:25-26). 거기에는 '빛나는' 만족감이 있다. 육안으로는 그것을 보지 못하지만, 그들은 자기가 경험한 바를 "오늘 밤 영광스러웠어!"라고 평가할 것이다. 항상은 아니지만, 분명 그럴 때가 있다!

하지만 이 경험도 제자들이 봤던 것에 비교하면 미미하다. 베드로는 그들이 "그의 크신 위엄의 목격자"라고 말하며 예수님이 "하나님 아버지께 존귀와 영광을 받으셨을" 때 무슨 일이 있었는지 묘사한다(벧후 1:16-17). 요한은 예수님이 항상 "하나님을 대면하여" 계셨고, 영원 전부터 아버지의 사랑 안에 잠기셨다고 말하는데, 그런 그가 "우리가 그의 영광을 보니 아버지의 독생자의 영광이요 은혜와 진리가 충만하더라"고 말했다(요 1:14). 예수님 역시 그와 같은 아버지의 영광의 목격자셨다.

모세와 엘리야의 등장

누가는 제자들이 본 것을 묘사한다. 하지만 이것은 말 없는 사건이 아니었다. 제자들도 예수님과 모세, 엘리야 사이의 대화를 들었다. 얼마나 놀라운 순간이었겠는가! 그들은 소위 '기도 모임'을 하러 산에 올랐다(눅 9:28). 모세와 엘리야가 있을 거라곤 전혀 예상하지 못했다! 구약의 가장 위대한 2인이 이른바 하나님의 도성의 경계, 곧 영광스런 하나님의 임재를 떠나 있는 한 시간을 허락받았다. 그리고 이 땅의 산 정상에 내려와 예수님과 함께 앉았다.

두 사람 모두 예전에 하나님을 만난 적이 있다(출 19:20; 왕상 19:8). 그런데 왜 지금 여기에 있는 걸까? 왜 특별히 그 두 사람이?

모세와 엘리야는 구약의 대표적인 인물이다. 제자들은 마치 율법과 선지자들이 예수님의 성취를 증언하기 위해 와 있는 '활인화'(活人畵, 명화 등의 배경 앞에서 분장한 인물이 정지한 상태로 그림처럼 보이게 하는 것 – 역주)를 보는 것 같았을 것이다.

그들은 "장차 예수께서 예루살렘에서 별세하실 것"(눅 9:31)에 관해 예수님과 논의했다. 누가는 아주 조심스럽게 어휘를 선택했다. "별세"는 헬라어로 **엑소두스**(exodus)다(출애굽은 'the Exodus'다 – 역주). 즉 암시하는 바가 확실하다.

애굽으로부터의 지리적 탈출은 더 위대한 탈출을 가리키는 손가락이었다. 이 탈출은 잔인하고 억압적인 애굽의 물리적 속박으로부터의 탈출이 아니라, 죄와 사탄과 사망 아래 있던 더 깊은 억압으로부터의 탈출이다. 하나님께서 이스라엘을 애굽에서 불러내신 출애굽의 기적은 하나님께서 예수님 안에서 이루고자 하신 바를 드라마틱하게 보여준 것이다![4]

우리가 그곳에서 그 대화를 들을 수 있다면 어떤 대가라도 지불했을 것 같다. 그 논의는 어떻게 진행되었을까? 예수님이 대화를 주도하셨을까? 유월절 어린양의 희생제사가 이스라엘 장자들을 죽음의 심판으로부터 구원했는데, 그 방법이 바로 예수님이 유월절 어린양인 동시에 장자가 되실 방법을 보여주는 그림이라고 말씀하셨을까?

그것은 분명 예수님께서 엠마오로 가는 길에 두 제자와 나누셨던 대화와 유사했을 것이다. 예수님은 글로바와 그 동행인을 데리고 모세와 모든 선지자들의 율법에서부터 이 거룩한 글들이 어떻게 예수님의 죽음과 부활을 가리키고 있는지 설명하셨다. 정녕 "그리스도가 이런 고난을 받고 자기의 영광에 들어가야" 했다(눅 24:26).

앞서 베드로는 이 가르침을 참을 수 없어서 저항했다(마 16:21-23). 하지만 예수님은 십자가 외에는 영광에 이르는 다른 길이 없음을 보여주셨다. 그리고 모세와 엘리야는 그 입으로 이 진리를 확증한 증인들이었다.[5]

제자들의 반응

이 사건에 연속적으로 일어난 반응이 있다. 첫 번째 반응은 베드로와 야고보와 요한이 잠든 것이다. 그들의 행동이 무책임해 보이기 때문에 우리는 자연스럽게 그들을 비판한다. 그들은 겟세마네동산에서도 잠들었다. 물론 겟세마네에 있을 때는 밤이었던 게 분명하다. 그들은 피곤했고 겁에 질려있었다.

그렇다면 여기서는 무엇이 그들을 압도한 걸까?

아마도 주님이 십자가에서 죽으신다는 확증이 기절할 만큼 놀라운 방식으로 전달되었기 때문일 것이다. 그들이 두 눈으로 목격한 것은 하나님의 영광의 현현이었다.

그들이 압도당했다는 사실에 너무 놀라지 말아야 한다. 우리는 하나님의 임재가 육체에 미치는 영향에 대해 매우 피상적인 관점을 갖고 있다. 성경에서 하나님의 영광의 현현이 있을 때마다 그 영향은 육체적으로 다가왔다.

이사야는 망했다고 느꼈고(사 6:5), 사도 요한은 그분의 고귀한 영광을 보고 "그의 발 앞에 엎드러져 죽은 자같이" 되었다(계 1:17).

변화산에서도 마찬가지였다. 그리스도의 영광은 압도적이다. 심신을 지치게 할 정도로 말이다.

잠에서 깬 베드로는 생각해볼 겨를도 없이 기질에 따라 "주여 우리가 여기 있는 것이 좋사오니"라고 말한다.

"우리가"라고?

베드로는 예수님에 대해 할 말이 없었을까? 이것이 자기에 관한 것이 아님을 몰랐을까? 자기를 잊고 오직 주 예수님께 시선을 고정시킬 수는 없었을까?

안타깝게도 베드로는 여전히 상황이 자기에게 미치는 것에만 열중했다. 그는 그곳에 있는 게 좋았다.

하지만 그런 생각은 당신이 예수 그리스도의 영광을 보았을 때 가장 먼저 취해야 할 생각이 아니다.

그 순간 베드로에게는 어리석은 생각 하나가 더 찾아왔다. "우리가 여기 있는 것이 좋사오니 우리가 초막 셋을 짓되 하나는 주를 위하여, 하나는 모세를 위하여, 하나는 엘리야를 위하여 하사이다"(눅 9:33).

모세와 엘리야는 인간에 불과하다. 그리고 베드로가 방금 본 것은 예수 그리스도의 영광이었다! 그런데 지금 초막을 짓자고? 단순히 기쁨을 연장하기 원하는 걸까? 아니면 방금 들은 내용이 작동되기 시작한 걸까? 마음 저편에는 나지막이 이런 목소리가 있지 않았을까? '산 밑에 내려가면 수치스러운 십자가, 너의 죄악된 마음의 노출, 그리고 고통이 다가올 것이다. 반면 하나님의 은혜는 너를 꼭 붙들어 더 깊은 회개와 믿음으로 데려다줄 것이고 다시 너를 만들어갈 것이다. 그러니 여기 머물러라!'

이것이 바로 또 다른 일이 생긴 이유다.

오직 예수

성부 하나님께서 이 일에 두 가지 방법으로 개입하셨다. 우선 구름이 와서 덮는다. 알다시피 산 정상에 구름이 덮이는 것은 특이한 일이 아니다. 그것이 다시 산을 내려갈 때 긴장감을 더해줄 것이다. 하지만 그 구름은 그들을 두려움으로 가득 채웠다. 왜냐하면 그것은 하나님의 임재라는 영광의 구름이었기 때문이다.

성경 다른 곳에서도 우리는 이 구름을 만난 적이 있다. 바로 출애굽 이후 광야 시대에 하나님께서 자기의 임재를 나타내셨던 구름이다(출 13:21-22). 또 시내산에서 하나님을 만날 때 모세가 들어갔던 구름(출 24:15-18), 성막을 덮었던 구름(민 9:15-22), 솔로몬의 성전을 덮었던 구름이다(왕상 8:10-11). 그것은 **쉐키나**(Shekinah, '하나님의 임재'라는 영광의 구름)였다. 그들이 "무서워했던" 이유도 바로 이 때문이다(눅 9:34).

다시 한 번 누가는 단어 선택에 매우 신중을 기했다. 일찍이 성령께서 주 예수님의 수태를 위해 마리아에게 오셨을 때 성령이 마리아를 **덮으셨다**는 표현으로 사용했던 동사를 여기서도 사용한 것이다(눅 1:35).[6]

갈보리의 흑암도 이와 같은 구름의 현현이었을까? 그것은 시공간에서도 막힘없이 자기의 목적을 성취하시는, 하나님의 임재의 물리적인 표현이다.

또한 여기서 하나님은 오실 뿐 아니라 말씀도 하신다. 그분의 말씀에는 훈계와 계시가 들어있다. "이는 나의 아들 곧 택함을 받은 자니 너희는 그의 말을 들으라"(눅 9:35).

예수님이 세례를 받으실 때 하늘에서 소리가 들려온 것처럼, 이 말씀도 구약성경 곳곳에서 비롯된 메아리다.

그것은 하나님께서 모세를 통해 그와 같은 선지자를 일으키시겠다고, 그 선지자에게 백성들이 귀를 기울여야 한다고 말씀하신 내용을 반영한다. 하나님이 자기 아들을 거룩한 산에 왕으로 세우시고 남자와 여자에게 "그의 아들에게 입맞추라"고 권하시는 내용의 두 번째 시편도 반영한다. 그 입맞춤이란 그에게 굴복하고 그분께 삶을 맡기라는 뜻이다(신 18:15-19; 시 2:1-12).

"소리가 그치매 오직 예수만 보이더라"(눅 9:36).

오직 예수만.

여기서는 매체가 메시지다. 또 하나의 **활인화**다. 그리스도인의 삶이 어떻게 영위되어야 하는지에 대한 묘사다.

우리는 모세와 선지자(엘리야)를 읽는다. 하지만 그들이 누군가(예수님)를 가리키면서 우리에게 그분을 믿으라고 요구하는 것을 보지 못한다면, 그들을 잘못 읽는 것이다.

어떤 면에서 그리스도인의 삶은 다음과 같이 요약될 수 있기 때문이다. "우리가 하나님의 영광을 위해 살고자 한다면 오직 예수님만이 우리의 삶을 채우셔야 한다."

우리는 베드로와 너무 많이 닮았다. 말은 너무 많이 하고, 듣기는 너무 적게 한다. 그리스도에 관해서 특히 그렇다.

하지만 이곳 변화산에서 뭔가 중요한 일이 일어났다. 세 명의 제자는 오랫동안 그들이 본 것을 언급하지 않았다. 특히 누가는 마태복음과 마가복음에서 볼 수 있는 상세함을 생략한다. 부활 전에는 아무에게도 본 것을 이르지 말라고 하신 분은 예수님이셨고,[7] 최소한 그들은 "예수님의 말씀을 들을" 만큼 현명했다.

겸손케 된 자의 흔적

오늘날은 어떠한가? 유감스럽게도 특이한(대개는 '교만한') 영적 경험에 얼마나 많은 칭찬이 따르는지 모른다! 하지만 당신이 정말 그런 식으로 그리스도를 만나게 되면 그것에 대해 자랑하고 싶어지지 않는다. 그분에 대한 경외심이 너무 커진 나머지 당신의 경험을 공개하지 못한다. 왜일까? 그 이유는 그것을 공개하는 순간 당신의 경험이 소모품(사람들은 그분에 대해서가 아니라 당신에 대해 이야기한다)으로 전락하기 때문이다. "아무개 얘기 들었어?" "그 책 읽었어?" "이 소년의 경험에 대해 어떻게 생각해?" "그 여자에게 일어난 일에 대해 알고 있어?" 그건 온통 이 남자, 저 소년, 이 소녀, 저 여자에 관한 얘기일 뿐이다. 더 이상 주 예수 그리스도에 관한 얘기가 아니다. 하지만 당신이 정말 영광의 주님을 만났다면, 반드시 두 가지가 따라온다. 첫 번째, 당신은 침묵하게 된다. 당신 자신에 관해 별로 말하고 싶어지지 않는다. 두 번째, 그분에 대해 더 많이 생각하고 말하고 싶어진다.

자, 여기 놀라운 사건이 있다. 우리는 그저 수박 겉핥기를 한 것이며 그것조차도 시작에 불과하다.

우리가 여기에서 배워야 할, 단순하지만 중요한 교훈이 더 있다. 우리가 진정 예수님께서 어떤 분이신지 보게 되면, 그것은 우리 삶에 지울 수 없는 흔적을 남긴다. 야곱은 하나님의 천사를 만나고 그에게 축복을 구하며 씨름한 후에 무언가를 갖게 되었다.

마찬가지로 우리도 야곱과 비슷한 그 무언가를 갖게 된다. 그것은 바로 절뚝거림이다. 겸손케 된 자의 흔적이다(창 32:22-32).

우리는 수많은 것을 필요로 한다. 그러나 하루를 마칠 때 필요한 것은 오직 하나다. 이 필요가 만족되면 다른 것은 모두 변두리로 밀려난다.

그것은 바로 주 예수 그리스도의 영광을 보고 그분이 "자기를 힘입어 하나님께 나아가는 자들을 온전히 구원하실 수 있다"는 사실을 아는 것이다 (히 7:25).

당신은 그분을 보았는가? 그분의 음성을 들었는가?

예수님의 변모 사건은 그분이 진정 누구이신지를 보여준다. 예수님은 우리 죄로 인해 고난당하시고 성부께서 창세전부터 성자에게 주신 영광에 들어가신 분이다(요 17:24). 그분께 엎드려 절하며 믿음으로 경배하는 것이 합당하지 않겠는가?

요한과 베드로는 변모로 인한 영구적인 감동에 대해 이렇게 썼다.

"말씀이 육신이 되어 우리 가운데 거하시매 우리가 그의 영광을 보니 아버지의 독생자의 영광이요 은혜와 진리가 충만하더라"(요 1:14).
"우리 주 예수 그리스도의 능력과 강림하심을 너희에게 알게 한 것이 교묘히 만든 이야기를 따른 것이 아니요 우리는 그의 크신 위엄을 친히 본 자라 지극히 큰 영광 중에서 이러한 소리가 그에게 나기를 이는 내 사랑하는 아들이요 내 기뻐하는 자라 하실 때에 그가 하나님 아버지께 존귀와 영광을 받으셨느니라 이 소리는 우리가 그와 함께 거룩한 산에 있을 때에 하늘로부터 난 것을 들은 것이라"(벧후 1:16-18).

그러므로 우리 자신의 모든 영광을 먼지 속에 버리고, 그분께 귀를 기울이자.

"이르시되 아버지여 만일 아버지의 뜻이거든 이 잔을 내게서 옮기시옵소서
그러나 내 원대로 마시옵고 아버지의 원대로 되기를 원하나이다 하시니
천사가 하늘로부터 예수께 나타나 힘을 더하더라" **눅 22:42-43**

5. 겟세마네동산 — 결단

보라! 한밤중에 어두운 겟세마네에서
기도하는 이 누구신가?

주님이시다! 오 놀라운 이야기여!
주님이시다! 영광의 왕이시다!
그 발 앞에 겸손히 엎드리네.
왕으로 모시세, 만유의 주를 왕으로 모시세.

마 26:36-46

―

이에 예수께서 제자들과 함께 겟세마네라 하는 곳에 이르러 제자들에게 이르시되
내가 저기 가서 기도할 동안에 너희는 여기 앉아 있으라 하시고
베드로와 세베대의 두 아들을 데리고 가실새 고민하고 슬퍼하사 이에 말씀하시되
내 마음이 매우 고민하여 죽게 되었으니 너희는 여기 머물러 나와 함께 깨어 있으라 하시고
조금 나아가사 얼굴을 땅에 대시고 엎드려 기도하여 이르시되
내 아버지여 만일 할 만하시거든 이 잔을 내게서 지나가게 하옵소서
그러나 나의 원대로 마시옵고 아버지의 원대로 하옵소서 하시고
제자들에게 오사 그 자는 것을 보시고 베드로에게 말씀하시되
너희가 나와 함께 한 시간도 이렇게 깨어 있을 수 없더냐
시험에 들지 않게 깨어 기도하라 마음에는 원이로되 육신이 약하도다 하시고
다시 두 번째 나아가 기도하여 이르시되
내 아버지여 만일 내가 마시지 않고는 이 잔이 내게서 지나갈 수 없거든
아버지의 원대로 되기를 원하나이다 하시고
다시 오사 보신즉 그들이 자니 이는 그들의 눈이 피곤함일러라
또 그들을 두시고 나아가 세 번째 같은 말씀으로 기도하신 후 이에 제자들에게 오사 이르시되
이제는 자고 쉬라 보라 때가 가까이 왔으니 인자가 죄인의 손에 팔리느니라
일어나라 함께 가자 보라 나를 파는 자가 가까이 왔느니라

　십자가에 못 박히시기 전날 밤 예수님은 기드론 골짜기를 건너 겟세마네동산에 들어가셨다. 이곳은 거룩한 땅이다. 갈보리로 통하는 대기실이다. 여기서 우리 주님은 고난받는 종, 우리 같은 죄인들을 대신하여 저주를 감당하는 자로서의 혹독한 현실을 대면하셨다.

　지금은 결단의 순간이다. 인류의 이야기는 동산에서 시작했고, 지금 우리는 다시 동산에 있다. 에덴동산에서 첫 아담은 범죄하고 타락했다. 하지만 지금 겟세마네동산에 계신 마지막 아담은 순종에 관한 최종 시험을 마주하고 계시다.

　잠시 그분을 따라가보자. 베드로와 야고보와 요한 옆에 앉아 그들보다 조금 더 나아가신, 누가의 표현대로 돌 던질 만큼 가신(눅 22:41) 예수님을 지켜보자. 예수님의 무거운 짐이 그분을 짓누른다. 하늘에 계신 아버지께 강렬하고 친밀한 중보기도를 드리신다.

　우리 주님은 **비아 돌로로사**(Via Dolorosa, 예수님께서 십자가를 메고 걸어가신 고난의 길-역주)를 걷게 될 날이 밝아오고 있음을 감지하신다. 그분은 마음의 눈으로 골고다라 불리는 언덕을 보실 수 있다. 현실은 동산에서 느끼는 것보다 훨씬 더 나쁠 것이다. 그래도 여기서는 하나님을 "내 아버지"라고 부를 수 있지 않은가.[1]

점진적 지식, 점진적 순종

예수님께서 자기 미래에 관한 모든 정보를 한 번에 얻으셨다고 생각하면 안 된다. 그분은 전 생애를 통해 "지혜와 키가 자라가며 하나님과 사람에게 더욱 사랑스러워 가셨다"(눅 2:52). 성경을 읽으시는 예수님, 구약의 특정 본문을 오랫동안 열심히 묵상하시는 예수님, 여호와의 종이 되는 것의 의미를 받아들이시는 예수님을 생각해보라. 예수님이 그렇게 하실 초기에는 요셉과 마리아가 함께 있었을 것이다. 성전에서 선생들에게 질문도 하고 듣기도 하면서 말이다(눅 2:46). 하지만 지금의 예수님은 그때보다 훨씬 더 뛰어나시다.

죄 없는 어린이, 십대, 그리고 청년의 인지 능력 안에서 예수님은 깊은 고난이 자신의 운명임을 받아들이셨다. 그러한 깨달음은 요단강에서의 세례부터 십자가 죽음에 이르는 그분의 생애 안에서 서서히 발전해 나갔다. 그 모든 순간에 이루어졌던 그분의 생각, 묵상, 결단을 통해서 말이다.

그 일에 앞서 유다는 다락방을 떠나 예수님을 배반하고 그분을 종의 몸값으로 팔아넘겼다. 구주와 열한 제자는 예루살렘 거리를 지나 골짜기로 내려갔고, 겟세마네동산 감람나무 사이에 멈추었다. 예수님은 제자들에게 거기 앉아있으라 하셨다. 고의적이라 생각되지 않는가?

제자들 일부는 한 곳에 머물게 하시고 베드로, 야고보, 요한은 더 가까이에 두셨다. 이 세 사람은 예수님과 함께 있으면서 야이로의 딸이 살아나는 것을 목격했고, 변화산에서 그분의 영광을 보았다. 예수님은 다시 한 번 그들을 자리에 머물게 하시며 깨어 기도하라고 명령하셨다.

하지만 예수님 자신은 "조금 더 나아가셨다." 그리고 중보기도를 시작하셨다.

성경 전체 그 어디에도 이와 같은 기도가 없다. 우리는 여기서 예수님의 내면을 본다. 예수님이 느끼셨을, 그 깊은 내적 싸움을 엿본다.

겟세마네를 감상적으로 다루는 건 식은 죽 먹기다. 제자들과 그들이 깨어 있지 못한 것에 초점을 맞추거나, 자신만의 '겟세마네', 곧 우리가 어떻게 시험을 만났고 중대한 결정에 직면했는지에 관해 말하는 것이다. 아니면 '깨어 기도하는 것'이 얼마나 중요한지에 초점을 맞추어 제자들의 실패를 다루면 된다. 그렇다. 우리 역시 "마음에는 원이로되 육신이 약하다." 우리도 극복하는 방법을 배워야 한다.

여기에는 분명 우리가 도출할 수 있는 적용점이 많다. 자신의 삶을 위해 배워야 할 교훈도 많다. 하지만 이 본문의 초점은 제자들이 아니다. 그들에게 배울 수 있는 교훈도 아니다.

여기서 우리가 집중해야 할 분은 예수님이다. 성부 하나님 앞에 엎드리신 삼위일체의 제2위격, 육신을 입고 성육신하시어 몸과 영혼을 가지신 예수님이다. 그분이 하나님의 뜻을 놓고 씨름하신다.

변화산이 그분의 신적 영광을 드러냈다면, 여기는 정반대다. 겟세마네에서는 그분의 인성이 드러난다. 그분 앞에 놓인 것에 대한 순전한 두려움이 그분을 압도하는 것 같다.

여기에 갈등이 있다. 전투가 있다. 사탄이 있다.

누가가 "마귀가 모든 시험을 다 한 후에 얼마 동안 떠나니라"(눅 4:13)라고 기록한 것을 기억하는가? 사탄은 예수님을 십자가에서 멀어지게 하려는 첫 시도에서 실패했지만 이후 훨씬 더 가능성 있는 기회를 기다렸다. 그리고 때가 왔다. 바로 지금이다. 예수님의 손으로 잔이 넘어갔다. 결정은 그분의 몫이다. 마실 것인가, 마시지 않을 것인가? 모든 요인, 모든 상황, 모든 사건이 이제 하나로 모아졌다.

지금은 "어둠의 권세"의 때다(눅 22:53). 사탄에게 '모든 별이 일렬로 늘어섰다'('운이 좋다'는 뜻—역주)고 말할 수 있는 상황이다. 하지만 진실을 말하자면, 이것은 하나님의 주권적인 섭리다. 체포, 재판, 처형을 낳을 요인이 모두 적재적소에 있다. 이제 불가피하다.

유다는 은 30을 받고 자기 자신과 자기의 영혼을 마귀에게 팔았다. 조금 있으면 그가 와서 군인들에게 예수님을 넘겨줄 것이다. 예수님은 이 모든 것을 알고 계셨다. 하지만 마지막 싸움이 남아 있다. 인성의 모든 면에서의 싸움, 그분의 전 존재의 싸움, 특히 지성과 감정과 의지적인 싸움이 남아 있다.

커져가는 그림자

싸움은 예수님의 지성에서 시작된다. 잠시 생각해보라. 예수님은 "인자는 이미 작정된 대로 간다"(눅 22:22)고 말씀하셨다. 성경의 모든 예언이 그렇게 말하고 있다. 전심으로 배웠던 성경, 자신과 사역과 운명을 밝혀준 성경, 그 성취를 위해 헌신했던 성경이 말이다.

최후의 만찬에서 예수님은 새 언약의 잔이 많은 사람을 위하여 부어진 그분의 피를 상징한다고 말씀하셨다. 다른 사람을 위한 고난과 죽음을 언급하는, 이사야의 네 번째 '종의 노래'에 대한 암시였다. 예수님은 이미 제자들에게 스가랴 13장 7절이 실현될 것이라고 말씀하셨다. "내가 목자를 치리니 양의 떼가 흩어지리라"(마 26:31).

이것은 예수님이 배우셨던 구약의 본문이었다. 예수님은 이 본문을 오래도록 묵상하셨고, 그 의미를 아셨다.

그런데 이제 그 본문이 예수님의 지성으로 한꺼번에 달려들고 있었다.

그 순간 예수님은 그 말씀을 직접 겪으셨다.

예수님의 자기 정체성에 대한 지식에 관해서는 신비한 게 많다. 신약성경은 예수님이 어떻게 자신의 정체성을 이해하게 되셨는지에 관해 대체로 침묵하지만 예수님의 어머니인 마리아가 분명 초자연적인 수태 및 출생을 둘러싼 사건들을 예수님께 이야기해주었을 것이다.[21] 따라서 예수님이 자신의 신성에 접속해서 인성에 대한 정보를 받았다고 상상하면 안 된다. 결코 그렇지 않다. 그것은 성경이 예수님에 대해 이야기하는 방식이 아니다. 예수님은 점진적으로 지혜가 자라가셨다(눅 2:52).

하나님의 아들은 수태된 순간부터 신성과 인성을 모두 가지셨다. 그리고 지금 우리는 그분의 인성에 관해 생각해보는 중이다.

인성 안에서 그분은 "받으신 고난으로 순종함을 배우셨다"(히 5:8). 거룩하신 하나님과 죄악된 인간 사이에서 중재자가 되는 것이 무슨 의미인지를 점차 발견해가셨다. 수년간 "그리스도가 이런 고난을 받고 자기의 영광에 들어가야 함"을 계시하는 성경을 묵상하셨다(눅 24:26). 결국 겟세마네에서 그 모든 성경본문의 온전한 의미가 그분의 지성을 가득 채웠다. 그러나 큰 덩어리의 정보로는 이것을 한 번에 알고 이해하고 경험하기 어려웠다. 겟세마네에서 십자가에 못 박히는 그날 밤까지도, 예수님은 갈보리의 두려움이 어느 정도인지 완전히 알지 못하셨다. 그것은 아버지께서 마시라고 주신 잔에서 본 슬픔보다 훨씬 더 심했다.

당신도 그것에 관해 조금은 알 것이다. 무언가 다가오고 있다. 지평선 위로 어렴풋이 나타나고 있다. 아직 닥치지 않은 미래의 일이지만 피할 수 없다는 걸 안다. 그것에 관해 생각하고 분석하지만, 밤이 되면 더 커지고 짙어질 것이다. 당신도 그것을 느낄 수 있다. 더 가까워지고 있다. 그림자가 점점 커져간다.

그리고 마침내 그 순간이 왔다. 당신이 두려워했던 것보다 훨씬 더 심각하다. 상상했던 것보다 훨씬 더 고통스럽다. 멀찌감치 떨어져 이리저리 생각해봤다. 하지만 실제로 일이 닥치자 당신의 생각은 그저 '어떤 모습일까'에 불과했음을 깨닫는다. 실제로 겪으면 그것의 실체를 온전히 이해하기 힘들다. 우리가 겪어야 한다고 생각했던 미래가 눈 깜짝할 사이에 우리의 지성으로 보내진다. 하지만 우리는 그저 현재를 살 뿐, 있는 그대로의 미래를 경험할 수 없다.

주 예수님께도 마찬가지였다. 겟세마네동산에서처럼 늘 그렇게 땅에 엎드려 하늘에 계신 아버지께 부르짖을 수 없었다. 지금은 싸움이 그 온전한 강도로 그분의 지성과 상상력을 채운다. 그분이 언젠가 오리라 알고 있었던 '그때'가 되었다. 그날이 밝았다. 바로 지금이다. 그분은 그것을 아시고, 이해하시고, 느끼신다.

"고민하고 슬퍼하셨다"

겟세마네에서의 싸움은 예수님의 감정을 건드렸다.

복음서의 저자들은 그분의 경험을 묘사하기 위해 생생한 언어를 사용한다. 마태는 예수님이 "고민하고 슬퍼하셨다"고 말한다(마 26:37). 그분은 정녕 "간고를 많이 겪었으며 질고를 아는 자"이시다(사 53:3).

마가는 예수님이 "심히 놀라시며 슬퍼하셨다"고 덧붙인다(막 14:33). 이 단어는 바울이 빌립보서 2장 26절에서 에바브로디도의 근심을 묘사하기 위해 사용한 것이기도 하다.

19세기의 유명한 신약학자인 J. B. 라이트푸트는 그 단어가 "슬픔과 수치심과 실망감처럼 육체적 혼란이나 정신적 고통에 의한, 혼란스럽고 무기력하고 반쯤 이성을 잃은 상태"를 묘사한다고 설명한다.[3] 그만큼 예수님은 겟세마네에서 감정적으로 짓눌리셨다. 그분은 "내 마음이 심히 고민하여 죽게 되었다"고 말씀하신다(막 14:34).

그렇게 다가온 그림자가 그분을 압도하는 위협이 되었을까? 아니면 지금부터 겪게 될 고통보다 죽음이 더 낫다는 의미였을까?

주님께서 잃어버린 양을 찾기 전에는
속죄함을 받은 자 그 누구도 몰랐네.
그분이 건너신 물이 얼마나 깊었는지,
주님이 겪으셨던 그 밤이 얼마나 어두웠는지.[4]

이것은 분명 그분의 인성에 관한 실제적 증거다. 그분은 스토아학파에서 말하는 마음도, 느낌도, 감성도 없는 인물이 아니다.

그분의 영혼은 고민하셨다. 심히 고민하여 죽게 될 정도였다. 인간적으로 그분은 마음의 동요를 느끼셨다. 변화산에서 신비한 베일이 벗겨져 베드로와 야고보와 요한이 그분의 영광을 엿볼 수 있었다면, 겟세마네에서는 또 다른 베일이 벗겨져 그분의 마음과 인간적인 감수성이 드러났다. 여기서 우리는 예수님의 영혼, 그분의 내적 존재를 들여다본다. 그분은 힘쓰고 애쓰셨다(눅 22:44).

지성과 감정의 고통

애초에 예수님은 그 세 명의 제자와 더 친밀하다는 단순한 이유로 그들을 그분의 인생에 더 깊숙이 데려가셨는지 모른다.

마가는 예수님이 자기와 함께 있게 하시기(막 3:14) 위해 제자들을 택하셨다고 담담하게 말한다. 하지만 그 말은 예수님이 그들의 인간적인 교제를 높이 평가하셨다는 의미 아닐까?

교제를 원하고 친구와 형제들을 원하는 것은 분명한 인간의 현실이다. 그 세 명은 예수님의 가장 친한 친구였을 것이다. 요한은 (우리가 알다시피) 자기가 예수님이 사랑하신 자라고 확신했다. 실제로 예수님은 그들이 가까이 있기 원하셨다. 그분의 인성이 격려와 우정을 갈망하신다.

하지만 예수님은 그들이 동행해줄 수 없는 영역으로 들어가야 한다는 것을 알고 계셨다. 그래서 조금 더 나아가셨다(마 26:39). 그분은 시각적으로도 떨어져 계셨지만, 그분의 임무는 다른 이와 나눌 수도, 위임될 수도 없었다.

> 죄의 값을 치르는 다른 방법이 없네.
> 오직 주님만이 천국 문을 여시고 우리를 들여보내실 수 있네.[5]

예수님은 그들이 그분과 함께 깨어 기도하기 원하셨다. 예수님과 그들을 위해서 말이다. 그들은 그래야 한다. 지금은 "어둠의 권세"의 때이고(눅 22:53), 예수님은 자신의 임무에 실패하시면 안 된다. 구원이 그분께 달려 있다. 우리의 구원이 예수님께서 이 역할을 성취하시느냐 그러지 못하냐에 달려있다. 언약의 중재자로서 모든 의무를 받아들이시고, 하나님과 인간 사이에서 "친히 나무에 달려 그 몸으로 우리 죄를 담당"하시느냐에 모든 것이 달려있다(벧전 2:24).

어둠과 지옥의 권세는 예수님이 이것을 달성하시지 못하게 하려고 무엇이든 할 것이다. 실제로 그는 할 수 있는 모든 일을 했다. 배후에서 시몬 베드로를 통해 십자가를 피하라고 조종하기도 했고, 심지어 유다의 배신을 통해 예수님의 파멸을 조종했다. 예수님께서 성부 하나님의 뜻과 시간표에 능동적으로 순종하시는 것이 아니라 그들에 의해, 그들의 시간표에 맞춰 죽으시게 하려고 그런 걸까?

분명 사탄은 동산 어두운 곳 어딘가에 숨어 있다.

예수님은 세 명의 제자가 자고 있는 것을 보시고 "마음에는 원이로되 육신이 약하도다"(마 26:41)라고 말씀하셨다. 그들의 죄악된 육신이 예수님을 실망시켰다.

하지만 이 말이 예수님께도 해당되었을까? 그분도 마음으로 원하셨고, 그분 역시 약한 혈과 육을 지니셨다. 우리는 지금 예수님을 지켜본다. 그분은 두려워하신다. 떨고 계신 것 같다. "그의 모습이 사람들보다 상한" 상태시다(사 52:14). 그것이 육체적인 수준뿐 아니라 감정적인 수준에도 해당되는 게 확실할까?

십자가는 인성을 원래 상태로 되돌려놓는 것이다. 예수님은 지금 한 개인이 감정적으로 분리되는 벼랑 끝에 서 계시다. 그런 상태는 심한 중압감을 준다. 이것은 예수님이 속죄를 이루고 "죄를 알지도 못하신 이가 우리를 대신하여 죄가 되시는" 독특한 두려움에 들어가시는 것과 연관된다(고후 5:21).

모세가 하나님의 영광을 보았을 때 두려움에 떨었다. 하지만 그때 모세가 본 것은 언약 안에 계신 하나님이셨다. 반면 예수님이 보신 것은 언약 위반자들에게 부어진 하나님의 누그러지지 않은 진노와 노여움이었다. 자비란 없다. 예수님은 "진노한 하나님의 손에 붙들린 죄인들"[6] 때문에 그 자리를 대신할 것인가, 저주를 받을 것인가를 놓고 심사숙고하신다.

바울은 "하나님의 진노가 불의로 진리를 막는 사람들의 모든 경건하지 않음과 불의에 대하여 하늘로부터 나타난다(현재 시제)"고 말한다(롬 1:18).

하지만 여기서 그 진노가 누그러진다. 하나님의 진노는 죄가 마땅히 받아야 할 수준과 결코 동급이 아니다.

겟세마네동산에서 예수님은 누그러짐 없는 거룩한 진노를 그 온전한 강도로 숙고하신다. 죄 없는 인간의 몸으로 자신을 죄와 동일시하고 그 결과를 경험하는 것이 무엇을 의미하는지 철저히 대면하신다. 죄 없으신 분이 죄의 영역으로 들어가시는 것, 성육신하여 죄에 둘러싸이는 것과 별개였다. 하지만 죄로 간주되는 것("죄를 알지도 못하신 이를 죄로 삼으신 것"[고후 5:21])에 대한 반감은 절대적이지 않았을까?

그래서 우리는 그분을 본다. 그분의 떨림과 몸서리침을 본다! 하나님의 아들은 성육신에 "합당한 영혼과 몸"[7]을 취하셨다. 그것이 지금 깨어지기 직전이다.

하지만 겟세마네에서의 예수님의 경험에는 지성과 감정의 고통 너머 제3의 차원이 있다.

순종의 부르짖음

A.D. 7세기 때 기독교 안에 중요한 논쟁이 있었다. 성육신하신 하나님의 아들이 하나의 의지를 가졌느냐, 두 개의 의지를 가졌느냐에 대한 논쟁이었다. 예수님은 신성의 단면이자 신성에 필수적인 의지를 가지셨는가? 더불어 인성에 필수적인 의지 또한 지니셨는가?

어떤 이들은 예수님께 오직 하나의 의지밖에 없다고 주장했다. 그들을 단의론자라고 부른다.[8] 하지만 교회는 성육신하신 그리스도께서 오직 '하나의 의지와 하나의 행동원칙'만 가지신다는 관점을 거부했다.

분명 하나님의 아들의 의지는 신성 면에서 성부의 의지와 동일하다. 오직 하나의 신적 의지만 있을 수 있다.

그래서 예수님이 "내 뜻"과 "당신의 뜻"이라고 말씀하실 때의 "내 뜻"은 그분 인성의 결단적인 의지를 가리킨다. 예수님께서 자기 앞에 놓인 것을 심사숙고하실 때 무슨 말씀을 하시는지 주의 깊게, 그리고 경건하게(왜냐하면 숨 막힐 정도로 멋지기 때문이다) 주목해보라.

아버지, 다른 길은 없나요? 십자가를 봅니다. 예전에는 저의 인성으로 납득할 수 없었지만 이제는 이해합니다. 하지만 이 어둡고 불길한 터널을 내려다보면 저의 지성과 감정이 요동칩니다. '다른 길은 없을까?'라고요. 있으면 좋겠습니다. 하나님께 버림받는 느낌을 경험한다는 생각조차 감당하기 어렵습니다!

예수님의 신적 지성으로는 당연히 다른 길이 없다는 것을 아신다. 죄인을 구원하기 위해 이 모든 일이 필요하다는 것과 영원한 협의로 동의한 내용을 성취해야 한다는 것을 성부 하나님과 합의하셨다. 하지만 미래에 자신이 순종하게 된다는 그 완벽한 정보는 그분의 인적 지성이 알던 내용과 같은 수준이 아니다.

그래서 우리는 하나님의 아들, 삼위일체의 제2위격이 기도하시는 것을 목격한다. 그것은 하늘 아버지에 대한 철저하고도 완벽한 순종이다. 간구하고, 호소하고, 괴로워하고, 연약함과 취약함 안에서 아버지께 부르짖는다. "이 잔을 내게서 지나가게 하옵소서. 그러나…."

이분이 예수님이다. 이런 모습은 그 누구에게서도 본 적이 없다. 앞으로도 절대 보지 못할 것이다.

이러한 그분의 고통에는 두 가지 원인이 있는 것 같다. 첫째는 "때"의 본질이다.[9]

하나님의 진노의 때

초기 사역 때 예수님의 좌우명은 "내 때가 아직 이르지 아니하였다"였다.[10] 이것이 바로 예수님께서 제자들에게 메시아인 자신의 정체성을 함구하라고 하신 이유다. 이것은 분명 정치적인 메시아로 오해될 경우를 대비하기 위함이다. 예수님 시대에 이미 메시아에 대한 강렬한 소망이 있었지만 '아직' 메시아이신 그분의 참된 본질이 드러날 '때'가 아니었다.

그 후 가이사랴 빌립보 이후부터 예수님은 이 '때'를 향해 나아가셨다. 궁극적으로 예루살렘과 십자가로 인도해줄 코스를 예수님이 정하셨던 것이다. 마치 시몬 베드로의 고백을 정점으로 문이 열린 것과 같다.

하지만 겟세마네에서의 이 '때'는 미래가 아니다. 임박하지도 않았고, 이미 도착했다. 이미 왔다. 여기 있다. 바로 지금이다. 누그러지지 않은 하나님의 진노가 빠르게 지평선을 덮는다. 그래서 예수님은 다락방 탁자에 남겨놓은 축복의 잔을 떠올리시면서, 하나님의 진노의 잔에 대해 말하고 적었던 선지자들의 모든 말을 의식하시면서[11] 이렇게 기도하신다. "내 아버지여 만일 할 만하시거든 이 잔을 내게서 지나가게 하옵소서"(마 26:39).

예수님은 자기를 사랑하시는 성부께, 언제나 자기 말을 들으시는 성부께(요 11:42), 자기를 거절한 적이 없으신 성부께 간청하신다. 삼위일체의 제2위격께서 (죄가 없으신데도) 우리의 연약한 육신을 입으시고 성육신하셔서 성부의 뜻을 행하시겠다는 결단을 표현하시다니 이 얼마나 숭고한 신비인가. 그분의 모든 감정은 틀림없이 그 잔을 마시려 하지 않으셨을 것이다. "죽기까지 복종하셨으니 곧 십자가에 죽으신" 예수님의 순종은 그분의 "힘쓰고 애쓰심" 없이는 불가능했다(빌 2:8; 눅 22:44).

사람들은 종종 크리스천 제자도와 성숙의 전형이 하나님께서 요구하신 일에 즉각적으로 굴복하는 것이라고 말한다. 그렇다면 진정으로 영적인 사람에게는 그런 결단이 쉽게 온다는 것인가?

예수님께는 그런 식으로 오지 않았다.[12] 즉각적이지도 않았다. 그것은 어렵고 고통스러웠다. 하지만 그 말은 곧 예수님께서 성부의 뜻에 복종하고 구원의 수단인 십자가의 죽음을 기꺼이 감당하신 훨씬 더 숭고한 뜻이 있다는 것을 의미한다.

그래서 예수님은 부르짖으신다. "아버지여 만일 할 만하시거든 이 잔을 내게서 지나가게 하옵소서."

"**만약** 할 만하시거든." 그분의 인적 지성, 곧 전지(全知)함이나 온갖 지식과 무관한 지성은 신적 지성과 의지를 철저히 살핀다. "아버지, 제가 여기서 놓친 지식이나 정보가 있나요? 우리가 택할 수 있는 다른 길, 그리고 그것을 가능하게 해줄 지식이나 정보 말이에요."

예수님께서 이런 말을 하셨다고 생각해보라. 전율이 느껴지지 않는가? 우리는 느껴야 한다. 왜냐하면 우리는 지금 멸망 직전, 벼랑 끝에 있기 때문이다. 우리의 구원이 흔들리는 저울에 매달려 있다. 그렇게 성부의 뜻으로부터 예수님을 흔들리게 만들었다는 생각에 일시적으로 사탄의 소망이 되살아나지 않았을까?

"아버지여 만일 할 만하시거든…."

이 말의 의미를 아는가? 불가피하게도 우리는 말하기를 망설인다. 예수님께서 "이 길을 가고 싶지 않습니다."라고 말하고 계시기 때문이다. 그분의 거룩한 인성이 "이 길은 아닙니다. 이 어둠 속은 아닙니다. 여기서 저는 '아버지여, 어찌하여 나를 버리셨나이까!'라고 부르짖게 될 것입니다."라고 외치신다.

예수님이 두려워하시는 건 당연하다. 루터는 "그 누구도 이 사람처럼 죽음을 두려워하지 않았다"고 말했다.[13] 그리고 누가는 우리에게 "땀이 땅에 떨어지는 핏방울같이 되었다"고 말해준다(눅 22:44). 그것은 천사가 하늘로부터 나타나 예수님께 힘을 더해준 후였다.

그러므로 그분이 하나님의 아들이시기 때문에 시험이 혹독하지 않다거나 짐이 가볍다고 생각하지 말자. 성령의 지지를 받고 천사가 힘을 더해주었음에도 불구하고, 그것은 한계에 이르는 싸움이었다. 창조 이후에 발생한 모든 것을 능가하는 시험의 순간이요, 유혹의 순간이다.

알렉산더 화이트가 천국에 가면 주 예수님 다음으로 가장 먼저 대화하고 싶은 상대가 예수님에게 힘을 더해주었던 천사일 거라고 말하는 것도 결코 놀랄 일이 아니다.

"반드시 승리하시리로다"

그러나 예수님은 순종하신다. "아버지, 나의 뜻대로 마옵소서. 결코 죄를 누려본 적 없는 순결한 의지일지라도 나의 인간적인 본성대로 마옵소서. 아버지의 뜻대로 하옵소서."

신약성경은 우리를 위한 예수님의 사역을 몇 가지 다른 방식으로 묘사하지만 그 모든 중심에 그분의 순종이 있다.

겟세마네에서는 예수님의 음성 외에 다른 소리를 들을 수 없다. 그럼에도 성부는 생각하신다. '아들아, 내가 너를 사랑하는 거 알지? 나는 항상 너를 사랑해왔고, 앞으로도 너를 사랑할 거야.' 성부께서 나지막이 이렇게 노래하신다고도 상상해볼 수 있겠다.

> 나의 예수, 내가 너를 사랑한다. 네가 내 것임을 안다.
> 나의 예수야, 너를 영원히 사랑한다. 바로 지금도. [14]

비록 겟세마네에서는 아무 음성도 들리지 않지만 예수님이 올바르게 이해했던 하나님의 말씀, 그리고 마귀의 시험에 저항했던 관계가 모두 믿을 만한 것으로 밝혀졌다. 시편 91편(예수님께서 예루살렘 성전 꼭대기에서 거절하셨던 사탄의 거짓되고 악한 해석의 원문)은 놀라울 만큼 참되다. "그가 너를 위하여 그의 천사들을 명령하사… 그들이 그들의 손으로 너를 붙들어… 네가… 뱀을 발로 누르리로다." [15]

그래서 마지막 아담은 첫 아담과 달리 순종하고 복종하신다. 요단강가와 변화산에서 반복되었던 "이는 내 사랑하는 아들이요 내 기뻐하는 자라"(마 3:17, 17:5)는 음성이 전혀 들리지 않는 어둠 속으로 들어가신다. 그리고 또 신뢰하며 순종하신다. 자기의 뜻이 아니라 자기를 보내신 아버지의 뜻을 행하러 왔다고 예수님께서 이미 고백하지 않으셨던가!(요 5:30, 6:38)

변화산에서 잠들었던 제자들은 겟세마네동산에서도 잠들었다. 우리는 그들을 엄하게 대할 수 없다. 날이 어둡다. 그들은 한밤중에 깨어 있으려고 애썼다. 게다가 그들을 더욱 피곤하게 만드는 강렬한 감정이 있었다. 소진시키는 스트레스에서 오는 피곤감이다. 결국 그들은 실패한다. 육신은 참으로 약하다.

하지만 이 모든 것이 우리의 영광스런 구주 예수님을 빛나게 한다. 예수님 같은 분은 없다. 그분은 깨어 있으시다. 순종하신다. 하늘에 계신 아버지 뜻에 굴복하신다. 여기서 한 번 더 베일이 벗겨져 하나님에 대한 그분의 순종이 드러난다. 그분은 슬픔과 영혼의 고됨과 압도적인 압박감 속에서도 순종하신다. 이 얼마나 놀라운 광경인가!

구주께서 말씀하신다. "보라 때가 가까이 왔으니 인자가 죄인의 손에 팔리느니라 일어나라 함께 가자 보라 나를 파는 자가 가까이 왔느니라"(마 26:45-46).

여기에는 군대의 어조가 있다.[16] 예수님의 예비 훈련이 모두 완료되었다. 모든 시험을 통과하셨고 마지막 전투를 위해 자리를 잡으신다. 단호히 결단하셨고, 하늘 아버지의 뜻에 순종하고 굴복하셨다. 이제 최후 전투를 시작하라! 뱀은 옛 언약에 따라 그분의 발아래 짓밟힐 것이다.[17]

그렇게 예수님은 최후의 싸움을 향해 전진하셨다. 칼을 든 군인들이 있고, 마음과 혀로 살인한 종교지도자들이 있고, 하나님의 선지자들을 지독히 싫어하는 헤롯 왕가가 있다. 그리고 로마제국의 권세가 있다. 통치자인 본디오 빌라도에게 예수님은 아무 증거 없이 사형을 선고받고 집행될 것이다. 하지만 그 모든 세속 권세를 뒤로 하고 예수님은 '우리의 옛 적'과 싸우는 시합장에 들어서신다. 사탄과의 전투에 들어가신다. 통치자들과 권세들을 무력화하여 구경거리로 삼으시고 십자가로 그들을 이기신다(골 2:15). 루터의 노래와 같다.

우리를 위해 적임자가 싸우신다.
반드시 전쟁에서 승리하시리로다.
그분은 겟세마네에 계신 예수님이시다.
오직 십자가만이 그분을 기다린다.

구주 예수님의 일생 중 그 어떤 사건도 그분이 진정 누구이신지, 그분이 우리를 위해 성취하라고 부름받으신 임무가 얼마나 위대한지, 그분이 우리를 위해 낮아지신 것이 얼마나 깊은 의미를 지녔는지, 그분이 우리를 얼마나 깊이 사랑하시는지 이것만큼 잘 보여주지 못한다.

죄의 값을 치르는 다른 방법이 없네.
오직 주님만이 천국 문을 여시고 우리를 들여보내실 수 있네.

"그가 찔림은 우리의 허물 때문이요 그가 상함은 우리의 죄악 때문이라
그가 징계를 받으므로 우리는 평화를 누리고 그가 채찍에 맞으므로 우리는 나음을 받았도다
우리는 다 양 같아서 그릇 행하여 각기 제 길로 갔거늘
여호와께서는 우리 모두의 죄악을 그에게 담당시키셨도다" 사 53:5-6

6. 십자가 — 수난

**나무에 달려
슬픔과 고뇌 가운데 죽으신 이 누구신가?**

주님이시다! 오 놀라운 이야기여!
주님이시다! 영광의 왕이시다!
그 발 앞에 겸손히 엎드리네.
왕으로 모시세, 만유의 주를 왕으로 모시세.

막 15:1-39

새벽에 대제사장들이 즉시 장로들과 서기관들 곧 온 공회와 더불어 의논하고
예수를 결박하여 끌고 가서 빌라도에게 넘겨주니
빌라도가 묻되 네가 유대인의 왕이냐 예수께서 대답하여 이르시되 네 말이 옳도다 하시매
대제사장들이 여러 가지로 고발하는지라
빌라도가 또 물어 이르되 아무 대답도 없느냐
그들이 얼마나 많은 것으로 너를 고발하는가 보라 하되
예수께서 다시 아무 말씀으로도 대답하지 아니하시니 빌라도가 놀랍게 여기더라
명절이 되면 백성들이 요구하는 대로 죄수 한 사람을 놓아 주는 전례가 있더니
민란을 꾸미고 그 민란 중에 살인하고 체포된 자 중에 바라바라 하는 자가 있는지라
무리가 나아가서 전례대로 하여 주기를 요구한대
빌라도가 대답하여 이르되 너희는 내가 유대인의 왕을 너희에게 놓아 주기를 원하느냐 하니
이는 그가 대제사장들이 시기로 예수를 넘겨준 줄 앎이러라
그러나 대제사장들이 무리를 충동하여 도리어 바라바를 놓아 달라 하게 하니
빌라도가 또 대답하여 이르되 그러면 너희가 유대인의 왕이라 하는 이를 내가 어떻게 하랴
그들이 다시 소리 지르되 그를 십자가에 못 박게 하소서
빌라도가 이르되 어찜이냐 무슨 악한 일을 하였느냐 하니
더욱 소리 지르되 십자가에 못 박게 하소서 하는지라
빌라도가 무리에게 만족을 주고자 하여
바라바는 놓아 주고 예수는 채찍질하고 십자가에 못 박히게 넘겨주니라
군인들이 예수를 끌고 브라이도리온이라는 뜰 안으로 들어가서 온 군대를 모으고
예수에게 자색 옷을 입히고 가시관을 엮어 씌우고 경례하여 이르되
유대인의 왕이여 평안할지어다 하고 갈대로 그의 머리를 치며 침을 뱉으며 꿇어 절하더라
희롱을 다 한 후 자색 옷을 벗기고 도로 그의 옷을 입히고 십자가에 못 박으려고 끌고 나가니라
마침 알렉산더와 루포의 아버지인 구레네 사람 시몬이 시골로부터 와서 지나가는데
그들이 그를 억지로 같이 가게 하여 예수의 십자가를 지우고
예수를 끌고 골고다라 하는 곳(번역하면 해골의 곳)에 이르러 몰약을 탄 포도주를 주었으나
예수께서 받지 아니하시니라

십자가에 못 박고 그 옷을 나눌새 누가 어느 것을 가질까 하여 제비를 뽑더라
때가 제삼시가 되어 십자가에 못 박으니라
그 위에 있는 죄패에 유대인의 왕이라 썼고
강도 둘을 예수와 함께 십자가에 못 박으니 하나는 그의 우편에, 하나는 좌편에 있더라
지나가는 자들은 자기 머리를 흔들며 예수를 모욕하여 이르되
아하 성전을 헐고 사흘에 짓는다는 자여 네가 너를 구원하여 십자가에서 내려오라 하고
그와 같이 대제사장들도 서기관들과 함께 희롱하며 서로 말하되
그가 남은 구원하였으되 자기는 구원할 수 없도다
이스라엘의 왕 그리스도가 지금 십자가에서 내려와 우리가 보고 믿게 할지어다 하며
함께 십자가에 못 박힌 자들도 예수를 욕하더라
제육시가 되매 온 땅에 어둠이 임하여 제구시까지 계속하더니
제구시에 예수께서 크게 소리 지르시되 엘리 엘리 라마 사박다니 하시니
이를 번역하면 나의 하나님, 나의 하나님 어찌하여 나를 버리셨나이까 하는 뜻이라
곁에 섰던 자 중 어떤 이들이 듣고 이르되 보라 엘리야를 부른다 하고
한 사람이 달려가서 해면에 신 포도주를 적시어 갈대에 꿰어 마시게 하고 이르되
가만 두라 엘리야가 와서 그를 내려주나 보자 하더라
예수께서 큰 소리를 지르시고 숨지시니라
이에 성소 휘장이 위로부터 아래까지 찢어져 둘이 되니라
예수를 향하여 섰던 백부장이 그렇게 숨지심을 보고 이르되
이 사람은 진실로 하나님의 아들이었도다 하더라

우리가 마지막으로 엿본 예수님은 겟세마네에서 엎드려 기도하신 후 일어나 제자들을 깨우시고 닥쳐올 악몽에 대비시키시는 모습이었다.

드디어 '때'가 이르렀다. 어둠의 권세가 동산에 내린다. "유다가 군대와 대제사장들과 바리새인들에게서 얻은 아랫사람들을 데리고 등과 횃불과 무기를 가지고" 왔다(요 18:3).

예수님은 앞서 스가랴의 예언을 언급하셨다. "내가 목자를 치리니 양들이 흩어지리라"(막 14:27; 슥 13:7). 이제 그 예언이 이루어졌다. 예수님이 잡히시고 제자들은 도망한다. 한 청년이 그를 잡으려는 자들에게서 벗어나기 위해 애쓰다가 간신히 벗은 몸으로 도망했다(막 14:51-52, 마가는 마치 화가가 자신을 자기 작품 속에 넣어 그리듯 기록했다).[1]

재판, 또 재판

계속해서 재판이 열렸다.

제일 먼저 예수님은 대제사장 앞으로 끌려가신다. 한밤중에 대제사장들과 장로들과 서기관들의 '공회'가 불법적으로 모였다.[2] 예수님은 검사와 배심원과 판사, 덤으로 거짓 증인의 역할까지 한꺼번에 수행하는 불공평하고 부패한 법정을 대면하신다. 단도직입적으로 당신이 그리스도냐는 질문을 받으신 예수님은 다시 한 번 자신이 다니엘 7장에 기록된 환상을 성취하는 '인자'임을 밝히셨다. 언젠가 예수님은 하나님의 우편에 앉으셨다가 영광의 구름을 타고 오실 것이다.[3]

한편, 마치 전혀 다른 평행선상의 우주처럼 시몬 베드로는 대제사장의 집 뜰에서 발견된다. 몸을 녹이던 불 옆에서 베드로는 주님을 전혀 알지 못한다고 부인한다. 한 번, 두 번, 그리고 마지막으로 완전한 공포에 사로잡혀 저주를 퍼부으며 세 번을 부인한다!

그리고 이 평행선상의 세상이 만난다(마가가 기록하듯, 초대교회 전통이 제시하는 이야기는 사실상 시몬 베드로 자신의 설명이다). 예전에도 울었겠지만 배경음향으로밖에 여겨지지 않던 닭 우는 소리가 그 순간 두 번 들린다. 베드로는 예수님의 예언을 기억한다. "닭이 두 번 울기 전에 네가 세 번 나를 부인하리라"(막 14:72, 14:30-31). 마음이 상한 베드로는 성급히 예루살렘의 어두운 거리 속으로 뛰어들어가 통한의 눈물을 흘린다.

마가가 자신의 멘토(베드로를 가리킨다 – 역주)를 감싸주기 위해 그 부분을 일부러 상세하게 다루지 않은 걸까? 누가는 "주께서 돌이켜 베드로를 보시니 베드로가 주의 말씀 …이 생각나서"(눅 22:61)라고 생생하게 표현했는데 말이다.[4] 아니면 베드로가 너무도 깊은 수치심을 느낀 나머지 자기 영혼의 가장 어두웠던 밤을 공개적으로 나누지 못했던 걸까? 구주 예수님의 눈에 띈 그 상황을 묘사하지 못했던 걸까?

새벽이 밝자마자 대제사장들은 장로들과 서기관들, 곧 온 산헤드린(유대인의 통치 기구)과 더불어 의논한다. 예수님은 침 뱉음과 눈가림과 신체적 학대를 당하시고 희롱("선지자 노릇 하라!" "너를 친 자가 누구냐?")의 대상이 되신다. 그리고 결박당한 채 로마 총독에게 넘겨지신다. 빌라도가 예수님을 처형할 수밖에 없도록 이미 모든 것이 계획되어 있었다.

할렐루야! 오, 구주시여!

복음서 저자들이 예수님의 마지막 사건을 기록하는 방식에는 놀랄 만한 위엄과 절제가 있다. 때문에 십자가 형벌에 관한 주제는 위대한 찬송가의 가사와 곡조로 표현되곤 한다. 실제로 파울 게르하르트의 '오, 거룩한 주께서 상함을 입으셨도다.'는 J. B. 바흐의 **수난 합창곡**(The Passion Chorale)과 만나 감동적으로 각색되었다.

오, 거룩하신 주께서 상하셨도다.
슬픔과 수치심에 고개를 떨구셨도다.
어떤 희롱 속에서 가시관을 쓰셨는가.
당신의 것은 오직 왕관뿐입니다!
내가 무슨 언어로
죽음을 불사한 당신의 슬픔과
끝없는 당신의 동정에 대해
당신께 감사하겠습니까.
다정한 친구시여,
저를 영원히 당신의 것으로 삼아주옵소서.
만약 제 몸이 약해진다면 주여,
결코, 결코 제가 당신을 향한 사랑보다 오래 살게 마옵소서![5]

동일한 위엄이 다음 시에도 드러난다.

영광의 왕께서 죽으신 놀라운 십자가를 바라볼 때

나의 가장 큰 이익을 손실로 여기고 내 모든 교만을 경멸하게 된다네.⁶⁾

하지만 (놀랍게도) 복음서 저자들이 주님의 수난 기록 속에 엮어 놓은 중심 메시지에 도달하려면, 우리는 다른 찬송시에 눈을 돌려야 한다. 파울 게르하르트와 아이작 왓츠 모두 깊은 감정을 건드리고 구주 예수님의 사랑에 대한 진실하고 소중한 반응을 표현하고 있다. 하지만 갈보리의 핵심은 그것이 심오한 감정을 불러일으킨다는 사실도, 거기에 드러난 사랑이 "내 영혼, 내 생명, 내 전부를 요구한다"⁷⁾는 사실도 아니다. 즉 복음의 핵심은 '예수님의 죽음이 얼마나 깊은 감동을 주느냐'가 아니라 그 죽음으로 '예수님께서 무엇을 성취하셨느냐'다.

그 사실이 다음 찬송시에 매우 잘 드러나 있다. 이 시는 본래 어린이들을 위해 쓰였다.

저 멀리 성벽 바깥에 푸른 언덕 있네.
사랑하는 주님이 십자가에 달리셨네.
우리 모두를 구원하시려고 죽으셨네.
우리는 모르네, 말할 수 없네.
주님이 감당하셔야 했던 그 고통을.
하지만 우리는 믿네.
주님이 매달리고 고통당하신 이유가 우리를 위한 것임을.
죄의 값을 치를 만큼 선한 것이 없었네.
오직 그분만이 천국의 문을 열고 우리를 그곳에 들여보낼 수 있네.⁸⁾

필립 블리스의 찬송시에는 동일한 메시지가 더욱 대담하게 표현되었다.

슬픔의 사람!
하나님의 아들을 위한 놀라운 이름
망가진 죄인들을 회복시키기 위해 오시었도다!
할렐루야! 오, 구주시여!

수치와 조롱을 당하시며
나를 대신하여 그분이 사형선고를 받으셨도다.
그 피로 나의 사면장(赦免狀)에 도장을 찍으셨도다.
할렐루야! 오, 구주시여!

우리는 죄인이고, 역겹고, 무력하지만
그분은 하나님의 흠 없는 어린양이시다.
완전한 속죄라니! 오, 정말일까?
할렐루야! 오, 구주시여![9]

이 찬송은 20세기 동안 많은 교회 예배에서 조용히 사라지기 시작했다. 사람들은 예수님의 죽음에 관해 **감정적**으로 감동받는 것을 반대하지 않았지만 자신들을 **성경적**으로 '망가진 죄인'으로 묘사하거나 스스로 '죄인이고 역겹고 무력하다'고 고백하는 것을 달가워하지 않았다. 그러나 십자가에서 이런 관점을 제하는 것은 기독교의 복음에서 심장과 영혼을 찢어버리는 것이다.

필립 블리스가 이 찬송시를 쓰면서 마가복음 14장, 15장을 깊이 묵상했을 거라고 추측할 수 있다. 그의 가사는 마치 거기에 묘사된 핵심 사건을 따라가는 것처럼 보인다.

수치와 조롱을 당하시며

나를 대신하여 그분이 사형선고를 받으셨도다.

그 피로 나의 사면장(赦免狀)에 도장을 찍으셨도다….

만약 우리가 이 시구를 읽은 후에도 하나님의 보좌 앞에 엎드려 다음과 같이 말하지 않는다면, 우리 안에 분명 영적으로 고장 난 부분이 있는 것이다.

할렐루야! 오, 구주시여!

수치와 조롱을 당하시며

유다의 배신과 그 뒤를 잇는 체포의 순간부터 십자가 위에서 몸이 축 늘어지시기까지 예수님은 의도적으로, 그리고 지속적으로 수치에 빠지셨다.

입맞춤을 통한 배신보다 더 수치스러운 방식은 찾기 힘들다. 하지만 그것은 이후에 일어날 일들의 전조일 뿐이었다.

위대한 웅변가인 키케로는 로마 상원의 유명한 연설에서 이렇게 말했다. "십자가에 대한 언급은 로마 시민의 몸에서뿐 아니라 마음과 눈과 귀에서도 멀찍이 치워버려야 합니다."[10] 그만큼 십자가는 사람을 공개적으로 수치에 빠뜨리고 노출시키는 조직적인 방법이었다.

히브리인들에게 보낸 편지('설교'라고 보는 게 더 낫겠다)의 저자는 예수님이 이 "부끄러움"[11]을 경험하셨다고 숨김없이 진술한다. 사실 예수님은 20시간이나 무자비하고 가혹하고 가차 없는 수치에 굴복하셨고, 그 수치는 십자가의 노출에서 절정을 이루었다.

히브리서 12장 1-2절의 유명한 말씀은 "예수를 바라보라"고 강조한다. "그는 그 앞에 있는 기쁨을 위하여 십자가를 참으사 부끄러움을 개의치 아니하셨다"(히 12:1-2 참조).

하지만 만약 우리가 '하나님! 예수님이 그 수치를 개의치 않으셨다니 감사합니다. 이후의 기쁨으로 인해 더욱 감사합니다! 안심입니다. 예수님이 그 수치를 경험하셨다는 생각만으로도 저는 견딜 수가 없는데요.'라고 생각하며 안도의 한숨을 내쉬려 한다면 오산이다. 이 구절은 사실 정반대의 의미를 갖는다. 그 수치는 도저히 견딜 수 없는 고통이었다. 예수님이 그것을 개의치 않게 해주는 힘은 바로 그 너머에 있는 강렬한 영광의 기쁨이었다. 그러므로 우리는 십자가의 수치를 잊지 말아야 한다. 그것은 우리 구주의 수난을 기록한 모든 기사에 남아 있다. 이와 같이 십자가 형벌의 깊은 의미는 수치의 예식이었다. 또한 그것은 성경의 성취이기도 했다.

복음서 저자들은 성부 하나님이 예수님의 죽음을 통해 성취하신 바를 이해했고, 그 이해대로 자신들의 이야기를 서술한다. 예수님은 여호와께 순종하는 종이다. 그분은 "그가 곤욕을 당하여 괴로울 때에도 그의 입을 열지 아니하였음이여 마치 도수장으로 끌려가는 어린 양과 털 깎는 자 앞에서 잠잠한 양같이 그의 입을 열지 아니하였도다"(사 53:7)라는 예언을 성취하신다.

이처럼 수치심이 맹렬하게 공격하는 한복판에서도 주 예수님은 말이 없으시다. 여기에서 저기로 수치스런 상황이 바뀌어도 아무 이득 없는 수치를 가만히 받아들이신다. 대제사장에게로 끌려가시고 종교 지도자들에게 수치를 당하신다. 그분의 온전한 명성을 무너뜨리기 위한 시도가 거짓 증인들에 의해 행해진다. 그런 상황에서도 예수님은 침묵하신다. "그건 거짓이오."라고 항변하지 않으신다. 모든 수치를 받아들이신다.

그 후 예수님이 사형선고를 받으실 때, 종교지도자들은 고의적으로 수치를 더한다. "어떤 사람은 그에게 침을 뱉으며 그의 얼굴을 가리고 주먹으로 치며 이르되 선지자 노릇을 하라 하고 하인들은 손바닥으로 치더라."[12]

이런 조건에서 예수님은 결박당한 채 본디오 빌라도에게 넘겨지신다(막 15:1). 사람들의 압박을 받은 불쌍하고 나약한 본디오 빌라도! 그는 그곳에 있던 종교 그랜드마스터들(체스 등에서 국제 경기의 성적으로 결정되는 최고급 선수-역주)의 적수가 되지 못한다. 그들은 철저하게 계획된 게임에서 그를 교묘히 패배시킬 것이다. 빌라도는 유대 민족을 향한 관용과 선의로 죄수 한 명을 풀어주는 유월절 관습에서 탈출구를 기대해보지만 계산 착오다. 결국 모든 일에 (의식적으로) 손을 씻고, 바라바('아버지의 아들')를 풀어주고, 그를 하늘 아버지의 아들과 맞바꾼다.

그 순간 예수님께는 무슨 일이 일어났을까?

그분은 채찍질당하셨다(막 15:15). 긴 가죽끈 끝에 금속이나 뼛조각이나 조개껍질을 붙인, 채찍 같은 도구로 맞으셨다.[13] 그것의 기능은 굴욕을 주고 힘을 빼는 것이었다. 채찍질이 너무 맹렬한 나머지 어떤 사람은 십자가에 매달리기 전에 사망하기도 했다.

어쩌면 군인들은 이를 악물고 채찍질하며 그것이 죄인을 위한 가차 없는 자비라고 간주했을지 모른다. 긴 시간 동안 십자가 위에서 서서히 질식사하는 것보다 낫다고 생각하면서 말이다.

영광을 위한 고난

예수님이 십자가 형벌을 받기 위해 넘겨졌을 때 마가는 로마 군인들이 예수님을 본부 안으로 데리고 들어갔다고 말해준다. 유대 민족의 감시에서 벗어난 이 1세기 최정예 부대원들은 예수님을 에워싸고 옷을 벗겼다. 이 장면을 눈여겨보기 위해 시간을 들이는 사람은 거의 없다.

마가는 "군인들이… 온 군대를 모았다"고 말한다. 한 명, 혹은 그 이상의 지휘관들은 이것을 막사 전체가 즐길 수 있는 기회로 생각했다.

당시 대대나 보병대는 200-600명 정도로 구성되었다. 당연히 근무 중인 병사가 있었고, 올 수 있는 인원 전부가 나사렛 예수를 모욕하는 현장에 초대되었을 것이다. 바로 그곳에 예수님이 서 계시다. 그들이 조롱하는 보랏빛 왕복을 입고 가시관을 쓰신 채 말이다.

"유대인의 왕께 경례!" 그들은 갈대로 예수님을 치고 침을 뱉는다. 그리고 잔인하게 비꼬며 그 앞에 무릎 꿇는다. '희롱'이 끝난 후, 예수님에게서 보랏빛 옷을 벗긴다. 그들이 이미 예수님의 옷을 한 번 벗겼다는 게 여기서 분명해진다. 마가복음은 이 끔찍한 사실을 독자들에게 조용히 알린다. 그들은 이미 예수님을 벌거벗겼다. 골고다에서 다시 한 번 그럴 것이다. 본질상 이것은 집단 윤간이다.

정녕 **에케 호모**(Ecce Homo, 15-17세기 서구 기독교 미술에서 널리 쓰인 주제로 그리스도를 '슬픔의 사람'으로 표현했다–역주)다. 이 사람을 보라! 죄로 인해 인간성을 상실한 우리가 다시 인간다워지기 위해 그분의 인간성이 짓밟히고 있다. 그래서 "마음이 온유하고 겸손했던", 멍들고 깨진 자들에게 영혼을 위한 "쉼"을 제공했던 분이 지금은 거칠고 오만불손하게 다뤄지면서 멍들고 깨지신다.

이것은 그분이 두려워하던 포도주였다. 겟세마네동산에 있을 때, 예수님은 성부께서 그의 손에 건네주신 잔에서 이것을 보았다.

이것은 마치 시편 23편이 천천히 거꾸로 진행되는 것처럼 보였을 것이다. 지금은 예수님께 온통 부족한 것뿐이다. 어디에도 그분의 영혼이 꼴을 먹을 장소가 없다. 곧 사탄이 지배하는 것 같은 사망의 음침한 골짜기로 가게 될 것이다. 하나님 안에서 그분을 안위해줄 게 전혀 없다. 원수의 목전에 상이 차려질 것이고, 그 상에서 유기(遺棄)와 비통의 잔을 취하게 될 것이다. 그분 머리에 종교인들의 침이 부어졌다.

여기에서 여호와의 선하심과 인자하심은 눈에 띄지 않는다. 극도의 외로움과 더불어 여호와의 집에서 쫓겨날 것이다.

하지만 그 포도주에는 그분을 볼 수 있는 그림자가 있다. 이사야는 "연구하고 부지런히 살펴서, 자기 속에 계신 그리스도의 영이 그 받으실 고난과 후에 받으실 영광을 미리 증언하여 누구를 또는 어떠한 때를 지시하시는지 상고했지만"(벧전 1:10-11), 예수님은 이사야가 보았던 것보다 훨씬 더 명확하게 그 모든 것을 보신다.

예수님은 과연 자신에게 주어진 그 포도주 잔에서 무언가를 엿보셨을까, 아니면 "후에 받으실 영광"(벧전 1:11)의 그림자를 보셨을까? 만약 예수님이 그토록 오랫동안 알려지고 믿어진 대로 이사야서에 예언된 종이셨다면, 성경은 그분에게 소망을 줄 것이다. 그 앞에 놓인 기쁨을 위하여 부끄러움을 참으실 것이기 때문이다. 하지만 그러한 기쁨과 영광은 수치 다음에 온다.

"주 여호와께서 나의 귀를 여셨으므로 내가 거역하지도 아니하며 뒤로 물러가지도 아니하며 나를 때리는 자들에게 내 등을 맡기며 나의 수염을 뽑는 자들에게 나의 뺨을 맡기며 모욕과 침 뱉음을 당하여도 내 얼굴을 가리지 아니하였느니라"(사 50:5-6).

이사야는 다음과 같은 여호와의 음성을 들었다.

"보라 내 종이 형통하리니 받들어 높이 들려서 지극히 존귀하게 되리라" (사 52:13).

하지만 그 전에 먼저 무시무시한 정반대 상황이 온다. 그것이 너무 무서운 나머지 이사야는 본능적으로 여호와의 종에게 혼잣말을 하는 것처럼 기록했다.

"많은 사람이 그에 대하여 놀랐거니와…"

그러다 다시 익숙한 설명조로 돌아온다.

"전에는 그의 모양이 타인보다 상하였고 그의 모습이 사람들보다 상하였으므로"(사 52:14).

언젠가 여호와의 종은 높이 들릴 것이다. 그분의 임재 앞에서 왕들은 입을 봉할 것이다. 하지만 상함이 왕의 위엄보다 앞서야 한다. "그의 모양이 타인보다" 상해야 한다.

J. 알렉 모티어가 가슴에 사무치도록 지적했듯이, 유기가 너무도 광범위해서 "그는 여전히 인간인가?"[14]라는 의문을 일으킨다.

인간들에게 당하신 고난은 오직 선을 행하셨던, 거룩하고 순결하고 우아하신 주 예수님의 인간성을 짓밟고 손상시키고 모욕하기 위해 의도된 것이다.

여기에 외적인 흑암과 내적인 흑암이 있다.

수치의 언덕, 골고다

이제 마지막 여정이 시작된다. 곧 매달리게 될 십자가가 그분의 어깨에 걸쳐진다. 이 나무를 예수님께서 직접 갈보리까지 옮기셔야 한다.

어둠 가득한 그때 빛의 순간이 온다. 구레네 사람(추측컨대 리비아 사람) 시몬이 예루살렘으로 들어오다가 예수님의 십자가를 옮기는 일에 징발된다. 마가는 시몬의 이름에 '각주'(그는 "알렉산더와 루포의 아버지"였다. 막 15:21 참조)를 삽입하면서 잠시 서술을 멈춘다. 마가의 말이 의미하는 것은 오직 하나다. 바로 알렉산더와 루포는 마가가 아는 사람들이고 그의 첫 독자였다는 점이다. 마가는 이 어두운 태피스트리(무늬를 놓은 양탄자 – 역주) 안에 단색실을 짜 넣으며 **비아 돌로로사**(Via Dolorosa)에조차 그리스도께로 인도하는 길이 있었음을 밝힌다. 그 길은 결국 그 남자의 두 아들을(구레네 시몬 자신과 그 아내까지도) 그리스도에 대한 믿음으로 인도했다.[15]

마지막으로 예수님은 수치의 언덕, 골고다에 도착하신다. 골고다는 형벌의 효과를 극대화하기 위해 선택된 장소다. 행인들에게 예수님을 모욕할 수 있는 기회가 주어졌고, 실제로 그들은 그렇게 했다(막 15:29 참조).

십자가형을 집행하는 분대가 예수님께 몰약 탄 포도주를 주었지만 예수님은 이를 거절하셨다. 이후 예수님은 한 번 더 벌거벗겨지신다. 그리고 형을 집행하는 자들에게 잔인한 일을 당하신다. 인류 역사의 가장 어두운 순간이 세 개의 단어로 묘사된다. **카이 스타우로우신 아우톤**(kai staurousin auton, "그리고 십자가에 못 박았다").

마가는 더 이상 말하지 않으려 한다. 예수님을 향했던 그의 시선은 천천히 십자가 밑으로 옮겨간다. 군인들은 예수님의 옷을 차지하기 위해 제비를 뽑는다. 예수님은 결국 십자가형의 표준대로 벌거벗겨진 채 죽으실까?

그렇다면 그분은 정녕 십자가의 수치를 가려줄 옷조차 없는 둘째 아담이자 마지막 아담이시다. 이제 생명이라는 일반 은총의 마지막 흔적이 예수님에게서 벗겨졌다. 그때는 복음서 저자들도 그들이 나중에 보게 될 사실, 곧 우리가 그분의 의로 옷 입기 위해 우리의 죄를 담당하실 예수님이 벌거벗겨지셨다는 사실을 보지 못했다.

이후 다시 희롱이 시작된다. 십자가에 달리신 예수님 앞에서 평범한 사람들이 동물로 변한다. 그들과 더불어 대제사장들과 서기관들(오늘날의 주교와 대주교, 총회장들) 같은 종교 지도자들도 적나라하게 승리감을 드러내며 예수님을 희롱하고 야유한다. 심지어 예수님과 함께 십자가에 못 박힌 자들도 그분을 욕한다.[16]

이제 시편 22편이 빙 돌아서 제자리로 왔다.

"나는 벌레요 사람이 아니라
사람의 비방거리요 백성의 조롱거리니이다
나를 보는 자는 다 나를 비웃으며
입술을 비쭉거리고 머리를 흔들며 말하되
그가 여호와께 의탁하니 구원하실 걸,
그를 기뻐하시니 건지실 걸 하나이다"(시 22:6-8).

"많은 황소가 나를 에워싸며 바산의 힘 센 소들이 나를 둘러쌌으며
내게 그 입을 벌림이 찢으며 부르짖는 사자 같으니이다
나는 물같이 쏟아졌으며 내 모든 뼈는 어그러졌으며
내 마음은 밀랍 같아서 내 속에서 녹았으며
내 힘이 말라 질그릇 조각 같고

내 혀가 입천장에 붙었나이다

주께서 또 나를 죽음의 진토 속에 두셨나이다

개들이 나를 에워쌌으며

악한 무리가 나를 둘러 내 수족을 찔렀나이다

내가 내 모든 뼈를 셀 수 있나이다

그들이 나를 주목하여 보고

내 겉옷을 나누며 속옷을 제비 뽑나이다"(12-18절).

예기치 않게 어둠이 임한다. 이 어둠은 창조 이전의 어둠이요, 아브라함의 꿈속의 어둠이요, 죽음의 천사가 찾아와 처음 난 것이 죽었던 애굽의 밤의 어둠이다(창 1:2, 15:1-2; 출 10:21-29 참고). 또한 하나님이 임재하시는 구름의 어둠이다. 그 어둠 속에서 하나님은 아브라함에게 하신 자기 저주의 맹세(설령 하나님께 독생자를 죽이는 대가를 요구할지라도 아브라함에게 복을 주겠다는 맹세)를 그리스도 안에서 성취하신다.

예수님은 하나님께 버림받았다고 느끼며 부르짖는다. **"엘리 엘리 라마 사박다니!"** 하지만 그 부르짖음에서 마지막 희롱의 기회를 찾아낸 몇몇 사람이 잘못 들은 것처럼 그분은 엘리야를 부른 것이 아니다. 사람들은 이렇게 말했다. "그에게 신 포도주를 먹여서 목숨이 좀 더 붙어있게 하자. 엘리야가 와서 그를 내려주는지 보자."

그들의 말처럼 엘리야는 주님의 날이 이르기 전에 다시 와야 했다. 하지만 그는 이미 세례요한으로 왔다. 그렇게 예언이 성취된 것을 사람들이 깨닫지 못했을 뿐이다(말 4:5; 막 9:12-13 참고).

그들은 마지막 경고를 무시했다. 그들이 회개하지 않은 것을 모두가 분명하게 보았다. 이제 남은 것은 약속된 여호와의 날이다.

만약 우리가 지금까지 살펴본 세부 사항을 뒤로 하고 전체적으로 마가복음의 큰 그림을 본다면, 3중의 희롱, 3겹의 수치가 있다는 것을 놓칠 수 없다.

- 선지자이신 예수님께서 조롱당하신다. 예수님은 성전을 3일 만에 다시 짓겠다고 말씀하셨다. 이후 그 예언은 어떻게 되었는가?
- 제사장이신 예수님께서 조롱당하신다. 예수님은 타인을 구원하겠다고 말씀하셨지만, 자신도 구원하지 못하신다.
- 왕이신 예수님께서 조롱당하신다. 예수님이 자신의 권능을 보이고 십자가에서 내려오시게 하라!

우리의 중재자 되신 예수님은 세 개의 직책으로 수치와 조롱을 담당하신다.

그런데 이것이 끝이 아니다.

왜 죄 없이 십자가에 달리셨는가?

복음서들은 실제 시공간에서 벌어진 예수님의 생애를 설명한다. 하지만 복음서를 읽을 때, 그것을 단지 중요한 인물에 관한 사실을 전달해주는 역사적 기술이나 가식 없는 위인전으로 착각해선 안 된다. 무엇보다 '복음'(좋은 소식)의 실마리를 줘야 한다.

사실 복음서들은 위인전보다 설교에 더 가깝다. 위인전은 결코 주인공 생애의 마지막 일주일 동안 벌어진 사건을 순차적으로 기록하는 데 30-40퍼센트를 할애하거나 마지막 24시간을 묘사하는 데 15퍼센트를 할애하지 않는다. 그런데 복음서는 그만큼의 분량으로 그 이야기를 싣고, 거기에 촘촘히 메시지를 짜 넣는다.

미술 전문가가 작품을 설명하기 위해 대작 앞에 서 있는 모습은 언제나 감동적이다. 전문 해설가에게 그 작품은 단순한 그림이나 아름다움 이상이다. 그는 말 없는 미술의 언어(제작 배경, 상징적 표현, 미술사 및 시대상황 등)를 이해한다. 심지어 어느 위대한 화가가 언제 다른 화가를 인용하는지도 말해줄 수 있다.

복음서도 마찬가지다. 이야기가 전해지는 방식 안에 이야기의 **의미**, 복음의 **메시지**가 촘촘히 짜여 있다.

그 의미는 이러하다. 예수님은 세상에서 가장 순수한 종교의 최고 법정에서 재판을 받으셨다. 하지만 그 법정은 죄로 오염되어 있었다. 누가 봐도 무고한 예수님이 유죄 판결을 받으신다. 또한 고대 사회의 가장 정교한 사법제도 앞에서 재판을 받으신다. 명백히, 누가 봐도 무고한 예수님이 유죄 판결을 받으신다.

그게 다가 아니다. 복음서는 예수님께 유죄 판결을 내린 바로 그 사람들이 사실상 예수님의 무죄를 인지하고 인정한다는 사실을 계속해서 명확하게 강조한다.

예수님께 지워진 혐의를 볼 때, 이 모순은 훨씬 더 많은 흥미와 깨달음을 낳는다. 예수님은 다음의 두 가지 이유로 유죄 판결을 받으셨다.

첫째, **종교적인 혐의**다. 예수님은 신성모독을 저질렀다. 따라서 하나님의 유죄 판결 아래 죽는 것이 마땅하다.

둘째, **정치적인 혐의**다. 예수님은 스스로 왕이 됨으로써 가이사에 대한 반역을 저질렀다. 그러므로 로마제국의 유죄 판결 아래 죽어 마땅하다.

인간의 법정에서 때로는 누군가 허위로 기소되고 그에게 유죄가 선고되는 일이 벌어진다. 그럴 때 고소인들은 그의 무죄를 인정하지 않는다. 오히려 속이려는 악의가 있을수록 필사적으로 그의 유죄를 주장한다.

하지만 예수님의 경우에는 네 명의 복음서 저자 모두가 예수님께서 고소인들에 의해 무죄가 인정되었음에도 불구하고 유죄로 판결되었다고 폭로한다.

예수님은 종교 법정의 신성모독 혐의에서 유죄가 아니다. 다른 고려사항을 제쳐둔다 해도, 예수님의 신성모독에 대한 거짓 증인들의 증언이 일치하지 않는다. 즉 예수님은 무고한 범죄에 대해 유죄 판결을 받으셨다.

로마 법정의 반역 혐의에 대해서도 예수님은 죄가 없으시다. 예수님은 "가이사의 것은 가이사에게, 하나님의 것은 하나님께 바치라"고 말씀하셨다(마 22:21). 빌라도가 직접 "나는 그에게서 죽일 죄를 찾지 못하였다"고도 밝힌다. 그런데 어떻게 잠시 후 예수님을 "채찍질하고 십자가에 못 박으라"고 말할 수 있는 걸까?

이 부분의 진짜 의도를 눈치 챘는가? 이것을 놓치면 복음서의 요점을 몽땅 놓치는 것이다. 여기서 일어나고 있는 일은 무엇인가?

- 예수님은 무고한 신성모독죄로 기소되셨지만 죄 없이 십자가형을 받으셨다.
- 예수님은 무고한 반역죄로 기소되셨지만 죄 없이 십자가형을 받으셨다.

사실상 이 신성한 드라마에 출연한 모든 등장인물이 예수님의 무죄를 거북해하고 있다. 전체 이야기는 이렇게 외친다.

왜 그분은 죄 없이 십자가에 달리시는가?

왜 무고하신 분이 죄인처럼 취급되시는가?

필립 블리스가 그 답을 알고 있었다.

나를 대신하여 그분이 사형선고를 받으셨도다.
그 피로 나의 사면장에 도장을 찍으셨도다.

"나를 대신하여"

나이를 불문하고 그리스도인들은 이 신비를 이해했다. 신성모독과 반역 혐의는 사실상 하나님의 심판대 앞에서 우리 모두가 책임져야 할 것들이다. 즉 하늘의 기소장에 우리의 이름이 적힌 범죄들이다.

다시 말해 우리는 신성모독에서 유죄다. 우리는 하나님이 아닌 우리 자신을 우주의 중심에 놓았다. 하나님을 그분의 권좌에서 끌어내리고 우리 스스로 왕이 되었다. 그분을 마치 종처럼 여겼고, 어리석게도 "내 마음대로 생각할 거야."라고 말하면서 그분을 우리가 원하는 대로 규정했다. 신성모독이다! 우리의 형상을 따라 우리만의 신을 만든 행위는 결코 작은 죄가 아니다.

뿐만 아니라 우리에게는 반역의 혐의도 있다. 우리는 우리를 다스리시는 하나님의 권위에 반역했다. 미묘하면서도 끈덕지게 우리는 "땅에서 이루어질 뜻은 곧 나의 뜻이야. 하늘에서도 내 멋대로 할 수 있을 거야."라고 말해왔다. 그러므로 첫 번째 신성모독 혐의처럼 두 번째 반역 혐의에 대해서도 우리는 유죄다.

다음은 예수님의 수난에 대한 '뒷얘기'다. 수난을 말할 때 우리는 늘 "예수님은 그분의 죄 때문에 죽으신 게 아니다. 그분께는 죄가 없다"고 한다. 하지만 자기의 죄 때문이 아니라면 도대체 왜 십자가 형벌을 받으신 걸까? 그에 대한 답은 명확하다. 특히 신약성경에서 명백해진다. 성경은 **"예수님께서 우리를 위하여 십자가에서 죽으셨다"**고 지속적으로 설명한다.

> 하나님은 자기 아들을 아끼지 아니하시고 **우리 모두를 위하여** 내주셨다.
> 죄를 알지도 못하신 그분이 **우리를 위하여** 죄가 되신 것은
> 우리가 그분 안에서 하나님의 의가 되게 하기 위함이다.
> 하나님의 아들이 나를 사랑하사 **나를 위하여** 자기 자신을 버리셨다.
> 그분이 **우리를 위하여** 저주를 받으신 것은
> 하나님의 은혜의 복이 우리 삶으로 흘러 들어가게 하기 위함이다.[16]

예수님이 나를 대신하셨다. 나의 죄를 위해 죽으셨다. 이것이 이사야가 본 것이다. 이사야는 일이 어떻게 진행될지 몰랐다. 주 예수님이 언제 오실지, 심지어 정확히 어떤 분이신지도 몰랐다. 하지만 오실 구주는 도살장으로 끌려가는 어린 양 같을 것이고, 털 깎는 자 앞에서 잠잠한 양처럼 잠잠할 것임을 알았다. 그분은 우리의 허물 때문에 찔림을 당할 것이고, 우리의 죄악 때문에 상함을 입을 것이다. 그분이 우리에게 평화를 가져다줄 징계를 받을 것이고, 그분이 맞으시는 채찍으로 인해 우리는 나음을 받을 것이다. 여호와께서 우리 모두의 죄악을 그분께 담당시키실 것이다(사 53:5-6).

이것이 바로 예수님께서 그토록 침묵하신 이유다. 그분의 침묵은 우리의 침묵처럼 죄와 수치에 대한 것이 아니었다(롬 3:19-20). 나를 대신하여 이런 혐의들을 받아들이시겠다는 의지의 침묵이었다. "나를 대신하여 그

분이 사형선고를 받으셨다."

찬송시 작가인 크리스토퍼 아이들이 이 점을 잘 포착했다.

주님이 법정에 서셨다.
우리를 대신하여 재판을 받으셨다.
그분을 상하게 하는 권력을 만나셨고,
십자가를 대면해야 하는 판결을 받으셨다.
우리의 왕께서 반역으로 고소당하셨고,
우리의 하나님께서 신성모독으로 고소당하셨다!

이 혐의는 인간의 유죄를 말하는 범죄 아닌가.
우리의 죄, 우리의 죽음, 우리의 지옥,
이러한 것들 위에 재판이 성립된다.
이 세상 권세자들에게 주님은 잠잠하시다.
죄는 우리의 것인데
그분은 아무런 대답을 하지 않으신다

선고는 분명하게 내려졌고
무고한 죄수가 죽임을 당했다.
마침내 죗값이 치러지고
하나님의 율법이 성취되었다.
주님께서 우리의 죄책을 가져가시고
그날로부터 고소인들의 주장이 사라져버렸다.
우리가 심판 받고 재판에 회부되는 것일까?

6. 십자가 — 수난

그리스도 안에서 우리의 재판은 끝났다.
그분이 죽으셨기에, 우리는 산다.
우리의 유죄 판결이 사라졌다
그리스도 안에서 우리는 죽었고 또 살았다.
살아있고 또 자유하다.
주님의 이름이 영원히 찬양받을지어다!

그러므로 예수님의 십자가 형벌은 "수치와 조롱을 담당하는 것"이다. "나를 대신하여 그분이 사형선고를 받으신 것"이다.

위대한 희생제사

예수님께서 숨을 거두셨을 때 "성소의 휘장이 위로부터 아래까지 찢어져 둘이 되었다"(막 15:38).

휘장이 "위로부터 아래까지" 찢어진 것은 하나님이 하신 일이다. 인간이 조율한 게 아니다. 어떤 의미에서 이것은 성전에 대한 모독이었다. 예수님이 죽으신 순간은 하나님이 더 이상 성전을 사용하실 필요가 없어진 순간이었다. 수백 년간 담당해온 성전의 기능이 완료되었다. 이제 성전은 비(非)신성한 땅이 되었다.

성소의 휘장은 지성소를 분리시키는 역할을 했고, 하나님의 임재를 대표하는 지상의 방을 인간의 시야로부터 가려주었다. 1년에 딱 한 번, 그것도 아주 잠시만 유대인 대제사장이 희생제물의 피를 들고 그 휘장을 넘어가는 일이 허용되었다.

그곳은 보이지 않는 하나님을 이 땅에서 알현할 수 있는 공간이었다. 마치 휘장이 "너는 감히 들어올 수 없다"고 말하는 것과 같았다.

그런데 이제 더 위대한 희생제사가 드려졌다. 십자가 위에서 이뤄진, 하나님의 독생자의 희생제사다. 그것은 그를 믿는 모든 자의 죄를 용서하기에 충분했다. 영원히, 더 이상의 제사가 필요 없었다. 하늘의 아버지는 슬픔이 아닌, 복음을 환영하는 마음으로 휘장을 찢어버리셨다. 우리에게서 그분을 가렸던 휘장, 죄인들이 그분의 거룩한 임재에 들어가지 못하게 막았던 휘장이다. 휘장이 찢어진 사건은 "내 아들의 희생제사를 믿는 것으로 너의 모든 죄가 용서받는다. 너는 이제 나의 임재 안에서 환영받는 손님이요, 나의 가족이 된 사랑스런 양자다."라고 말해준다.

마가는 예수님의 마지막 생애에 있었던 이 사건들을 매혹적인 방식으로 기록한다. 마가가 의도한 것인지, 성령께서 지시하신 것인지는 명확하지 않다. 어쨌거나 그는 복음서를 마치면서 어디에서 온 건지 알 수 없는 세 사람을 언급한다.

이후 그 세 사람은 신약성경에 다시 등장하지 않는다. 그들은 마치 별똥별처럼 지평선을 가로지르며 나타났다가 사라져버린다. 그들 중 누구도 중요한 인물은 아니다. 다만 그들 각자가 십자가 사건의 중요한 사실을 말해준다는 공통점이 있다. 그들의 증언은 결과적으로 우리를 십자가의 중심부로 인도해준다.

첫 번째 인물은 **바라바**. '아버지의 아들'이라는 뜻을 지닌 이름처럼 그는 하늘 아버지의 아들의 죽으심 덕분에 풀려날 수 있었다. 즉 예수님이 그를 대신해 죽으셨다. 누군가 그에게 "사형선고를 받았던 당신이 어떻게 (당신의 죄에도 불구하고) 살 수 있었소?"라고 묻는다면 바라바는 이렇게 대답할 것이다. "예수님께서 나 대신 죽으셨기 때문이오. 그분이 나 대신 사형선고를 받으셨소. 그분의 피로 나의 사면장에 도장을 찍으셨소."

두 번째 인물은 **구레네 사람 시몬**이다. 마가는 그의 아들들의 이름까지 기록했다. 만일 누군가 시몬에게 "예수님의 십자가형이 집행되는 동안 당신은 무엇을 보았소?"라고 질문한다면 그는 이렇게 대답했을 것이다. "예수님의 십자가에서 나는 '아무든지 나를 따라오려거든 자기를 부인하고 날마다 제 십자가를 지고 나를 따를 것이니라'(눅 9:23)라는 말씀이 무슨 뜻인지 보았소."

마지막 세 번째 인물은 **로마의 백부장**이다. 그는 사형 집행을 담당한 분대를 책임진 사람이었다. 한 마디로 죽음 전문가다. 그가 얼마나 많은 사형을 집행하고 감독했는지, 그가 상급자에게 순종하느라 꿈자리에서까지 봐야 했을 어둡고 불쾌한 회상 장면들이 어떤 것일지 알 수 없다. 다만 우리는 그에게 질문한다. "오래전 그날 당신은 무엇을 보았소?" 그러면 그는 분명 이렇게 대답할 것이다. "나는 그분이 죽어가는 과정을 보며 그 사람이 진실로 하나님의 아들이라는 것을 깨달았소"(막 15:39).

나를 대신하여 그분이 사형선고를 받으셨도다.
그 피로 나의 사면장에 도장을 찍으셨도다.

온 세상이 이 진리를 이해하고 깨닫는다면 이렇게 노래할 것이다.

할렐루야! 오, 구주시여!

이러한 소망을 모든 사람과 공유하고 싶지만, 온 세상이 예수 그리스도에 대해 어떻게 반응할지에 관해서는 책임질 수가 없다.
하지만 딱 한 사람만큼은 내가 오롯이 책임질 수 있다. 바로 나 자신의 반응이다. "성경대로 그리스도께서 우리 죄를 위하여 죽으셨다"는 십자가의 의미가 나에게 "최우선"에 속한다는 사실(고전 15:3)을 목도한 적이 있는가? 나는 "예수께서 수치와 조롱을 담당하시며 나를 대신하여 사형선고를 받으셨도다. 그 피로 나의 사면장에 도장을 찍으셨도다."라고 말할 수 있는가? 그렇다면 나는 이렇게 외치고 싶다!

할렐루야! 오, 구주시여!

"우리 주 예수 그리스도의 아버지 하나님을 찬송하리로다 그의 많으신 긍휼대로 예수 그리스도를 죽은 자 가운데서 부활하게 하심으로 말미암아 우리를 거듭나게 하사 산 소망이 있게 하시며" **벧전 1:3**

7. 무덤 — 부활

무덤에서 나오셔서
치유하고 돕고 구원하시는 이 누구신가?

주님이시다! 오 놀라운 이야기여!
주님이시다! 영광의 왕이시다!
그 발 앞에 겸손히 엎드리네.
왕으로 모시세, 만유의 주를 왕으로 모시세.

요 20:1-23

안식 후 첫날 일찍이 아직 어두울 때에
막달라 마리아가 무덤에 와서 돌이 무덤에서 옮겨진 것을 보고
시몬 베드로와 예수께서 사랑하시던 그 다른 제자에게 달려가서 말하되
사람들이 주님을 무덤에서 가져다가 어디 두었는지 우리가 알지 못하겠다 하니
베드로와 그 다른 제자가 나가서 무덤으로 갈새 둘이 같이 달음질하더니
그 다른 제자가 베드로보다 더 빨리 달려가서 먼저 무덤에 이르러
구부려 세마포 놓인 것을 보았으나 들어가지는 아니하였더니
시몬 베드로는 따라와서 무덤에 들어가 보니 세마포가 놓였고
또 머리를 쌌던 수건은 세마포와 함께 놓이지 않고 딴 곳에 쌌던 대로 놓여 있더라
그때에야 무덤에 먼저 갔던 그 다른 제자도 들어가 보고 믿더라
(그들은 성경에 그가 죽은 자 가운데서 다시 살아나야 하리라 하신 말씀을 아직 알지 못하더라)
이에 두 제자가 자기들의 집으로 돌아가니라
마리아는 무덤 밖에 서서 울고 있더니 울면서 구부려 무덤 안을 들여다보니
흰 옷 입은 두 천사가 예수의 시체 뉘었던 곳에 하나는 머리 편에, 하나는 발 편에 앉았더라
천사들이 이르되 여자여 어찌하여 우느냐
이르되 사람들이 내 주님을 옮겨다가 어디 두었는지 내가 알지 못함이니이다
이 말을 하고 뒤로 돌이켜 예수께서 서 계신 것을 보았으나 예수이신 줄은 알지 못하더라
예수께서 이르시되 여자여 어찌하여 울며 누구를 찾느냐 하시니
마리아는 그가 동산지기인 줄 알고 이르되
주여 당신이 옮겼거든 어디 두었는지 내게 이르소서 그리하면 내가 가져가리이다
예수께서 마리아야 하시거늘 마리아가 돌이켜 히브리 말로 랍오니 하니
(이는 선생님이라는 말이라)
예수께서 이르시되 나를 붙들지 말라 내가 아직 아버지께로 올라가지 아니하였노라
너는 내 형제들에게 가서 이르되
내가 내 아버지 곧 너희 아버지, 내 하나님 곧 너희 하나님께로 올라간다 하라 하시니
막달라 마리아가 가서 제자들에게 내가 주를 보았다 하고
또 주께서 자기에게 이렇게 말씀하셨다 이르니라

이날 곧 안식 후 첫날 저녁 때에 제자들이 유대인들을 두려워하여 모인 곳의 문들을 닫았더니
예수께서 오사 가운데 서서 이르시되 너희에게 평강이 있을지어다 이 말씀을 하시고
손과 옆구리를 보이시니 제자들이 주를 보고 기뻐하더라
예수께서 또 이르시되 너희에게 평강이 있을지어다
아버지께서 나를 보내신 것같이 나도 너희를 보내노라 이 말씀을 하시고
그들을 향하사 숨을 내쉬며 이르시되 성령을 받으라
너희가 누구의 죄든지 사하면 사하여질 것이요
누구의 죄든지 그대로 두면 그대로 있으리라 하시니라

정통 기독교(그리스도와 제자들의 기독교)는 초자연적인 기독교다. 온순하고 무해한 가치체계가 아니다. 평범한 교훈 몇 마디로 구성되지 않았다. 약간의 종교성으로 구색을 맞추지도 않았다. 기독교는 부활의 종교다. 하나님의 능력으로 살아내는 삶이다.[1]

이 글에서 존 스토트는 사도 바울이 복음의 메시지에서 "최우선"적인 것들에 포함시켰던 것을 되풀이한다.

"성경대로 그리스도께서 우리 죄를 위하여 죽으시고 장사 지낸 바 되셨다가 성경대로 사흘 만에 다시 살아나사"(고전 15:3-4).

"주님이 살아나셨습니다!"

죽은 자 가운데서 몸의(물리적인) 부활은 기독교의 심장부에 놓인다. 즉 부활 개념이 없다면 성경적인 기독교도, 복음도, 전 세계에 퍼져 있는 영원한 하나님의 가족인 교회도 없을 것이다.

하지만 이 모든 일이 먼저 예수님의 제자들에게 일어나야 했다. 예수님의 십자가 사건 이후 그들은 몹시 기죽어 있었기 때문이다. 제자들은 분명 예수님을 사랑했지만, 그분을 직접 장사지낼 특권조차 갖지 못했다(요 19:38-42).

예수님이 십자가에 달리신 금요일 저녁, 각자 흩어져 숙소로 돌아가는 제자들 마음에 무슨 생각이 들었을지 우리는 그저 조심스럽게 추측해볼 뿐이다. 그중 일부는 예루살렘 집으로 갔을 것이다. 일부는 좀 더 떨어진 베다니로 돌아갔을 것이다. 컴컴한 구름이 그들 위에 드리워져 있다. 이틀 후에는 얼마 전 나사로에게 일어났던 일보다 더 위대한 일이 예수님께 일어난다는 사실을 그들은 전혀 예측하지 못했다.

다음 날(토요일)은 그들에게 가장 어둡고 힘든 안식일이었을 것이다. 의심할 바 없이 그들 모두가 전날에 본 장면 때문에 무감각해졌을 것이다. 그들의 마음이 어떻게 안식할 수 있었겠는가. 마비중세, 두려움…. 그들 모두가 스스로를 어떻게 질책했을지 모를 일이다. 어쩌면 지난 3년이 수포로 돌아갔다는 생각에 당황하지 않았을까? 제자들은 예수님에게뿐 아니라 스스로에게도 속았던 걸까? 마음 다해 외웠던 그분의 말씀이 대체 무슨 쓸모가 있단 말인가.

우리는 그들의 마음을 상상하기 어렵다. 다만 제자들에게 묻고 싶은 많은 질문 중 하나는 이것이다. "그때 당신들은 무슨 생각을 했습니까?"

그들은 정확히 무엇을 하고 있었을까? 아마도 특별한 일들은 아니었을 것이다. 압도적인 절망감, 실망감, 슬픔은 감정뿐 아니라 육체에도 영향을 미친다. 즉 일종의 무기력을 낳는다.

그 순간 예수님의 제자들은 슬픔의 첫 번째 단계를 겪고 있었을 것이다. 그들 중 일부는 예수님의 십자가형을 직접 목격했다. 다른 제자들은 그것을 지켜봐야 하는 긴장감과 고뇌를 견딜 수 없어서 예수님이 마지막으로 숨을 거두시기 전에 자리를 떴을지 모른다. 어쨌든 제자들 모두가 예수님이 죽으신 것을 알고 있었다. 그리고 아리마대 사람 요셉이라는 부자의 무덤에 장사되신 것도 알고 있었다. 하지만 안식일이 끝날 때, 어둠이 물러가고 새로운 한 주의 첫날이 시작될 때,²⁾ 금요일 밤에는 거의 잠들지 못했을 그들은 결국 잠자리에 들었을까?

안식일이 끝나고 새로운 일주일이 시작되면 그들은 무엇을 하게 될까? 갈릴리로 돌아가 예전에 살던 삶의 조각들을 주워 담을까? 그들을 한데 모아주신(그리고 모든 상황에도 불구하고 여전히 함께 있게 하신) 분은 가고 없으시다. 그들의 우정, 동지애, 사랑, 그리고 자기보다 더 크고 위대한 일을 위해 부름받았다는 느낌이 그렇게 붕괴되고 말 것인가? 어부 베드로, 세리 마태, 열심당원 시몬은 각기 제 길을 갈 것인가? 몇 년간 함께 살고 사역하면서 서로에게서 무엇을 발견했던 건지 궁금해하면서 말이다.

우리는 나중에 베드로가 다시 고기잡이를 하며 살아야 할지를 고민했다는 걸 안다. 예수님의 대사가 되어 각 마을을 다니고, 하나님의 나라를 전파하고, 악령을 쫓아내고, 예수님의 이름으로 앓는 자를 고치던 흥분은 어디로 사라진 걸까?(눅 9:1-6) 이 모두가 일종의 망상이었던가?

제자들의 마음에 무슨 생각이 떠올랐건, 빈 무덤은 도화선에 불을 당겨 모든 것(전적으로 모든 것)을 바꾸어 놓았다.

이후 수십 년간 많은 메시아 운동이 있었고 메시아를 자칭하는 사람들이 있었다. 그들 대부분은 죽임을 당했다. 그들이 시작한 모든 운동이 망했고 허무하게 끝났다. 운동의 추종자들은 집으로 돌아갔고 그렇게 끝이 났다. 하지만 예수님이 십자가에서 죽으신 20년 후, 만약 누군가에게 "당신은 왜 그리스도인이 되었습니까?"라고 묻는다면, 그들은 확신에 차서 이렇게 대답할 것이다. **에게르떼 호 퀴리오스!**(ἠγέρθη ὁ Κύριος, 주님이 살아나셨습니다) 예수님의 부활 때문입니다"(눅 24:34).

역사를 의심하는 시대

부활은 역사 속의 사건이거나 아무것도 아니거나 둘 중 하나다. 다시 말해 부활은 사실이거나 허구다.

신약성경은 부활을 명확한 사실로 본다. 목격자들이 있었다. 따라서 그들에게 다음과 같이 말할 수 있을 것이다. "예수님이 죽은 자 가운데서 살아나신 후 당신이 그분을 뵈었을 때에 관해 이야기해 주십시오. 예수님이 당신에게 말씀하신 것, 당신이 예수님께 드렸던 말씀들에 대해서요. 당신은 예수님을 직접 보았으니까요. 그렇지요?"

갈릴리에 가서도 우리는 똑같이 물을 수 있을 것이다. 바울은 1세기 중반쯤 고린도교회에 보낸 편지에서 "그 후에 오백여 형제에게 일시에 보이셨다"고 말한다(고전 15:6). 바울은 그중 대다수가 여전히 살아있다는 사실을 알고 있었다. 즉 예수님이 죽으시고 20년이 흘렀을 때만 해도 "당신은 왜 그리스도인이 되었나요?"라는 질문을 받아줄 목격자들이 있었다. 아마도 그에 대한 답은 언제나 같았을 것이다. **"에게르떼 호 큐리오스**(주님이 살아나셨습니다). 그분의 부활 때문에 나는 그리스도인이 되었습니다!"

이와 같이 예수님의 부활은 역사적 사건이다. 하지만 우리는 사람들이 역사를 의심하고 '역사적 사실'이 과연 존재하는지를 믿지 못하는 시대에 살고 있다.

소위 포스트모더니즘이라고 부르는 것은 그에 앞섰던 진화론적 철학처럼 모든 것에 대한 우리의 사고방식에 영향을 미쳤다. 그리고 우리가 언어를 보는 관점(문헌은 더 이상 고정된 의미를 갖지 않는다. 작가가 글을 쓰면서 무슨 생각을 했든, 독자는 자기만의 의미를 찾는다) 및 역사에 대한 현대적 접근법과 이해에도 영향을 미쳤다. 그래서 오늘날 많은 작가들이 실제 과거를 알 수 있다는 생각에 회의적이다. 알 수 있는 것은 고작 과거에 대한 견해일 뿐이라는 것이다.

이러한 견해는 매우 개인적이고, 상대적이며, 취약하다. 그와 같은 회의주의가 학문계에도 영향을 주었고 그 경계를 넘어 멀리 흘러갔다.

하지만 기독교는 사실에 근거한 종교다. 육체의 부활이라는 사실에 뿌리를 둔다. 그것이 없으면 기독교는 붕괴한다. 함께 멸망한다. 무익하다. 심지어 바울은 다음과 같이 말한다. "그리스도께서 다시 살아나신 일이 없으면 너희의 믿음도 헛되다"(고전 15:17).

1990년대에 활동한 호주의 신학자 바버라 티어링은 단시간에 인기 작가가 되었다. 비결은 선정적인 역사 소설류의 베스트셀러 몇 권이었고, 그 결과 악명 높은 '예수 세미나'의 회원이 되었다.[3]

티어링 박사는 예수님이 죽지 않았다는 논제를 제시했다. 예수님의 양편에 있던 두 명의 강도 중 하나가 의사였으며, 그가 지어준 약 덕분에 예수님이 죽지 않았다는 것이다. 그래서 예수님은 사도 바울과 함께 여행을 떠나셨고 결혼도 하셨으며 자녀까지 두셨다. 굳이 부언하자면, 요한복음도 집필하셨다.

이 주장에는 단 하나의 증거도 없다. 오히려 이에 반(反)하는 증언이 많다. 하지만 그녀의 글은 베스트셀러가 되었다. 사람들은 눈 하나 깜빡이지 않고 그 책을 읽었다!

정통 기독교에 대해 그런 회의주의를 채택하는 것은 포스트모더니즘의 여러 가지 유해한 결과 중 하나다. 2007년에 제임스 카메론(유명한 영화 '타이타닉'의 감독)은 1980년에 예루살렘에서 발굴된 유골단지[4]에 관한 다큐멘터리를 만들었다. 제목은 '요셉의 아들 예수'였다. 이후 그들은 '미리암', 혹은 '마리아'라고 적힌 또 다른 유골단지를 발견했다. 그리고 '유다, 예수아의 아들'이라고 적힌 것도 발견했다. 모두의 관심을 끈 질문은 당연히 '이것이 예수님의 뼈인가? 그분이 정녕 결혼하고 자녀를 낳으셨는가? 결국 신약성경은 허구인가?'였다.

흥미롭게도 그 다큐멘터리에 가장 감동을 받지 않은 사람들은 그 유골단지를 이미 발견한 유대인 학자들이었다. 이유는 간단했다. 유대교 역사 속에 '예수'라는 이름을 가진 사람이 수천 명이나 된다는 것을 그들이 누구보다 잘 알고 있었기 때문이다.

예수는 '여호수아'라는 이름이고, 1세기에는 '여호수아/예수'라고 불리는 수많은 남자가 있었다. 그 발견은 웨일즈의 전화번호부에서 '토마스'라는 이름을 찾거나 스코틀랜드의 전화번호부에서 '퍼거슨'을 찾는 것만큼이나 쉬웠다!

하지만 우리는 사람들이 수백 명의 목격자들의 증언을 신뢰하기보다 이러한 감상주의에 뭔가가 있는 게 틀림없다고 **믿고 싶어 하는 시대**를 살고 있다.

바울은 예수님께서 죽은 자 가운데서 육체로 부활하신 것이 너무 중요하기 때문에 그것이 사실이 아니라면 "모든 사람 가운데 우리가 더욱 불쌍한 자"(고전 15:19)라고 말했다. 그렇다면 우리는 오직 목격자들의 증언에 귀 기울일 때에만 현명하고 객관적이고 공정한 자가 될 것이다.

이런 맥락 속에서 한 가지 부활 기사에 초점을 맞추어보자. 바로 요한복음이다(요 20:1-31).

요한복음의 초점은 막달라 마리아, 시몬 베드로, 요한, 그리고 아침부터 저녁까지 첫 번째 부활주일에 발생한 사건들이다.

아무도 예상하지 못했다

예수님은 죽으셨다. 당신이 죽음을 어떻게 정의하든(심장의 정지, 혹은 뇌파의 정지 등) 사실이다. 죽음에 대한 최근 과학계의 실험이 무엇이든 예수님은 죽으셨다. 그분의 십자가형을 담당했던 로마 군인들은 대단히 숙련된 집행자들이었다. 불과 몇 미터 안에서 일어나고 있는 일에 무관심할 만큼 단련되지 않았다면, 처형대 밑에서 제비뽑기를 하지 않았을 것이다. 일말의 의심이 있어서였는지, 그중 한 군인이 창으로 예수님의 옆구리를 찔러 확실한 죽음을 만들었다. 그것을 본 요한은 (한 가지 이상의 이유로) 피와 물이 나왔다고 기록했다(요 19:34). 요한 자신이 거기에 있었다. 자기 눈으로 직접 보았다. 그는 예수님의 죽음을 본 목격자였다.[5]

그때가 안식일 전날이자 유월절 준비일이었기 때문에 유대인들은 신속한 장례를 원했다(요 19:31). 그것은 우선순위에 대한 그들의 서글픈 자화상이었다. 무고한 사람을 십자가에 죽이고 자잘한 예배의식에 법석을 떠는 것 말이다.

결국 임시 장례가 서둘러 결정되었다. 장례의식의 마무리는 일요일 아침까지로 미뤄둘 수 있었고, 빌라도는 안식일 전에 장사되도록 예수님의 시체가 아리마대 사람 요셉의 무덤에 안치되는 것을 허락했다.

유대인들의 지도자격인 아리마대 요셉과 니고데모가 그 장례를 목격했다. 그들은 예수님의 죽은 몸을 세마포로 싸고 머리 주변에 붕대를 감았다. 니고데모가 만약의 경우를 대비해 가져온 몰약과 침향을 조심스레 채웠다. 상당히 많은 양의 향품이었다. 무게로 치면 "백 리트라"(약 32.7kg)쯤 되었다(요 19:39). 그것은 왕의 장례에 쓸 정도로 충분한 양이었고, 부패 작용을 늦추는 데 도움이 됐다.

아마도 예수님은 새 무덤 안의 선반에 눕혀지셨을 것이다. 부패가 정상적으로 진행된다면 1년, 혹은 조금 더 지난 후에 뼈들이 유골단지로 옮겨졌을 것이다.

여기에 의도가 담겨 있다. 예수님의 부활은 아무도 예상하지 못했고, 요셉이나 니고데모도 그것에 대비하지 않았다. 즉 요한이 말하는 모든 것은 한 가지 사실을 강조하고 있다. 바로 **예수님이 죽으셨다**는 것이다.

아무리 서둘러 진행했어도, 예수님은 신중하게 장사되셨다. 로마 군인들이 확인했고, 유대인들이 확인했고, 아리마대 사람 요셉이 확인했고, (예수님이 "이스라엘의 선생"이라고 부르셨던) 니고데모(요 3:10)가 확인했다. 요한은 예수님이 죽으셨고 아무도 그분의 부활을 예상하지 못했다고 말해주고 있다. 그 전날 대제사장이 했던 말을 떠올려보자. "우리가 어찌 더 증인을 요구하리요"(막 14:63).

특히 요한은 예수님과 3년을 함께했다. 예수님이 "사흘 만에 살아나리라"고 말씀하신 것을 반복해서 들었다(막 8:31, 9:31, 10:34). 따라서 이것은 요한이 자기의 관점에서 말해주는 그분의 이야기다. 그의 기록 방식은 막달라 마리아의 경험에 초점을 맞추는 것 때문에 더욱 사람들의 관심을 끈다.

요한의 실수?

일요일 아침 해 돋을 무렵에 여인 몇 명이 무덤에 왔다(막 16:2). 마리아는 아직 컴컴할 때 집을 떠나 동이 틀 무렵 무덤에 도착했던 것 같다. 누구나 어떤 활동을 위해 어두운 새벽에 일어나본 경험이 있을 것이다. 그러다 갑자기 햇살이 비치는 것도 보았을 것이다. 어떤 지역은 이 변화가 급격하다. 재빨리 어두워지고 재빨리 밝아진다. 아마도 이러한 이유로 어느 복음서 저자는 그때가 어두웠다고 하고, 또 다른 저자는 해가 돋을 때라고 말한 것 같다. 그들은 그저 다른 관점에서 말하고 있는 것뿐이다. 어쨌든 막달라 마리아가 무덤을 향해 길을 떠나기 시작할 때는 어두웠던 것 같고, 그 여정의 끝에 도착했을 때는 해가 돋았던 모양이다.

그곳에 마리아가 혼자 가지는 않았던 것으로 여겨진다. 그녀가 베드로와 요한에게 "사람들이 주님을 무덤에서 가져다가 어디 두었는지 우리가 알지 못하겠어요"(요 20:2)라고 말한 것으로 볼 때 말이다. 의심할 바 없이, 요한은 거기에 다른 사람들도 있었다는 걸 알고 있지만 여기서는 막달라 마리아에게 집중하고 있다.

당신이 이 복음서를 집필하고 있다고 가정해보자(물론 이 복음서는 오랫동안 요한이 기록한 것으로 인정받아왔다). 이때 당신이 하지 않아야 할 일이 한 가지 있다. 그것이 무엇일까? 바로 부활하신 그리스도의 첫 번째 목격자가 막달라 마리아라는 사실을 드러내지 않는 것이다.

왜 그래야 할까? 시몬 베드로가 제자들 중에서 늘 첫 번째로 언급되었기 때문일까? 아니면 요한이 반복해서 말하던 "예수께서 사랑하시던 제자"가 자기라는 주장을 굽히기 위해서일까? 아니면 막달라 마리아가 누가복음 7장 36-50절의 "죄 지은 한 여자"와 줄곧 동일시되어 왔기 때문일까?(사실 이건 명백한 실수다)

아니다. 그 이유는 이보다 훨씬 더 솔직하고, 훨씬 덜 미묘하다. **마리아가 여자이기 때문이다**. 1세기 유대인의 기준으로 그녀의 증거는 법적으로 인정될 수 없다. 따라서 요한이 그녀의 증거를 포함시킨 이유는 분명하다. 그것이 사실이기 때문이다. 마리아는 무덤에 도착해서 돌이 옮겨진 것을 보고, 합리적인 결론을 내렸다. '주님의 시체를 도둑맞았구나.' 그녀의 마음에는 도굴꾼들이 신성한 권능보다 그럴듯한 설명 같았다.

사실 이러한 가능성은 이미 산헤드린에 의해 예견되었다.[6] 그들은 빌라도에게 예수님의 제자들이 무덤을 급습하고 시체를 도둑질한 뒤 예수님이 살아났다고 주장할지 모른다고 경고했다. 역설적으로 말하면, 그들이 예수님의 가르침을 제자들보다 더 잘 기억하고 있었다!

어쨌든 막달라 마리아는 무덤이 열린 것을 보고 다른 여자들과 마찬가지로 '누군가 시체를 가져갔다'고 결론 내린다. 그래서 가장 두드러진 제자였던 베드로와 요한에게 말해주려고 달려간다. 그 말을 들은 두 제자는 막달라 마리아가 뒤따라오게 한 채 무덤을 향해 전속력으로 달렸다.

목격자들의 진술

여기서 요한은 자신의 기록이 진짜 목격자의 진술임을 돋보이게 해주는 세부 사항을 조금 포함시킨다. 그것은 이야기의 흐름에 쓸모가 없지만, 이야기 속의 한 요소를 설명한다. 바로 요한이 베드로보다 더 빨리 달렸다는 사실이다. 지금은 나이가 든 노인이 젊은 시절을 추억하면서 그들의 오랜 우정에도 경쟁의식이 있었음을 회상하는 것일까?('아, 당시에는 내가 베드로보다 더 빨리 달릴 수 있었지!')[7] 이것을 포함시키게 된 이유가 무엇이건, 그것은 역사적 진정성을 확증한다.

하지만 베드로보다 먼저 무덤에 도착한 요한은 무덤 안으로 직접 들어가지 않았다. 그냥 눈여겨보기만 했다. 반면 베드로는 도착하자마자 곧장 안으로 들어갔다. 정말 베드로답다! 거기서 그는 무엇을 보았을까? 요한이 본 것과 똑같은 것이다. 어쩌면 바로 그 장면이 요한으로 하여금 더 깊이 들어가는 걸 망설이게 했을 듯하다. 그곳에는 "세마포가 놓여 있었다." 요한이 덧붙인다. "또 머리를 쌌던 수건은 세마포와 함께 놓이지 않고 딴 곳에 쌌던 대로 놓여 있더라"(요 20:6-7).

이 구절은 한 가지 이상으로 해석될 수 있다. 요한의 의미는 오직 베드로만이 머리를 쌌던 수건(직물 사이에 넣어 둔 향료 때문에 무거웠을)을 보았다는 뜻일 것이다. 그것은 쌌던 대로 다른 천과 떨어진 곳에 놓여 있었다.

아니면(이것이 더 정확한 해석일 수 있다) 머리와 몸의 나머지 부분 사이, 목이 있던 곳에 약간의 공간이 있다는 뜻이다. 그 경우라면 요한도 분명 보았을 것이다. 자기가 보고 있는 것의 중요성을 깨닫지 못한 채 몇 분이 흘렀을 것이고, 그제야 무덤 안으로 들어가 믿었다.

당신이 유월절인 안식일과 부활주일 아침 사이에 무덤 안을 감시했다면 무엇을 보았을까? 예수님은 단단히 싸여 있고, 붕대와 향료로 몸집이 두 배 가량 불어 있다. 그런 수의 안에서 어떤 움직임을 볼 수 있었을까? 죽은 몸이 부활의 몸으로 변화되는 신비를 목격했을까? 수의가 오므라들고, 보기에는 비슷하지만 새로운 존재 양태에 맞는, 새로운 능력을 갖춘 부활의 몸이 나타났을까?

우리는 부활에 관한 기사를 통해 예수님의 부활한 몸이 물리적인 몸(그 몸은 걷고 말하고 생선을 먹을 수 있었다)이었다는 사실을 안다(눅 24:42-43). 그것은 진짜 몸이었다. 숨을 쉬고 만져보면 따뜻했을 몸 말이다. 하지만 그 몸은 순식간에 나타났다가 사라질 수 있었다. 바로 그날 저녁, 그분의 몸은 문이 닫힌 방 안에 나타나셨다(요 20:19). 추측컨대 이 부분에서 요한은 명백한 결론을 도출하고 있다. 즉 예수님을 들어오시게 하려고 문을 열어둔 게 아니라는 것이다. 예수님은 그냥 방 안에 나타나셨다. 그분의 몸은 부활의 몸이다. 그 몸은 새로우면서도 놀랍도록 인간적인 특성을 갖추고 있었다.

그래서 요한은 자신과 베드로가 본 것을 묘사하고 있다. 마치 법정에서 증언하는 것처럼 말이다.

질문 : 무덤에 이르렀을 때 무언가를 보았습니까?

대답 : 예, 보았습니다.

질문 : 상세하게 설명해 주시겠습니까? 당신이 본 바를 정확하게 말해 주십시오.

대답 : 머리를 쌌던 수건이 나머지 천들과 떨어진 곳에 놓여 있었습니다.

질문 : 이것이 당신의 친구인 베다니의 나사로가 무덤 밖으로 나오던 때를 떠올리게 해주었습니까?

대답 : 아니오. 그것은 나사로 때와 전혀 달랐습니다. 당신도 알다시피, 나사로가 나왔을 때는 온갖 붕대가 여전히 그를 감싸고 있었습니다. 그래서 그는 움직이기가 어려웠지요. 그것을 보신 예수님은 우리에게 붕대를 풀어주라고 말씀하셨습니다. 그러니까 예수님의 상황과는 전혀 다릅니다. 예수님은 마치 붕대를 뚫고 나오신 것처럼 보였습니다.

질문 : 자, 당신이 본 것을 우리가 좀 더 이해하기 쉽게 다른 말로 설명해 줄 수 있습니까?

대답 : 제가 설명할 수 있는 최선은 이렇습니다. 나사로는 분명 **소생**을 경험했습니다. 그에게 아주 놀라운 일이 일어났던 것이지요. 하지만 그는 '죽기 전'과 똑같은 사람이었습니다. 그 점에서 아무것도 달라진 게 없어요. 하지만 제가 예수님의 무덤 안을 들여다보았을 때, 즉각적으로 이것은 소생이 아니라 **부활**이라는 것을 알았습니다. 예수님께 일어난 일이 무엇이었든, 그분은 단순히 옛날과 똑같은 삶으로 돌아가신 게 아니었습니다. 새로운 종류의 삶으로 들어가셨습니다.

베드로와 요한에게는 부활신학을 세우려는 의도가 없었다. 그러나 그들의 설명은 그 사건이 '도굴이 아니라 부활'이었음을 확신시키기에 충분했다. 게다가 요한은 우리가 목격자들의 눈을 통해 사건을 보게 해준다.

예수님의 무덤에 있던 베드로와 요한은 곧 집으로 돌아가고, 잠시 동안 이야기에서 사라진다. 그들은 아직 부활하신 그리스도를 보지 못했다.

믿을 수밖에 없는 증거들

이제 막달라 마리아가 무대 중심에 오른다. 아마도 두 제자는 무덤에서 나와 마리아를 만난 뒤 "우리는 제자들에게 가겠소. 아주 놀라운 일이 일어났다오."라고 말했을 것이다. 그들이 마리아에게 자기들이 생각하는 바를 말해주고 싶지 않았다 해도 충분히 이해할 수 있을 것 같다. 어떻게 "우리는 예수님이 죽은 자 가운데서 살아나셨다고 생각하오."라고 말하며 그녀만 남겨둔 채 떠날 수 있겠는가.

요한의 설명은 계속되지만, 사건은 이제 마리아의 눈을 통해 보는 것처럼 기술된다.

마리아가 무덤 안을 들여다보고 있다. 그녀는 두 '사람'을 본다. 그들이 천사임을 깨닫지 못했다. 그들이 그녀에게 말을 건다. "여자여, 어찌하여 우느냐?"

마리아가 운다. 그녀는 아직까지도 누군가가 예수님의 시체를 훔쳐갔다고 생각하고 있다. 하지만 그때 다른 사람의 음성을 듣는다. 뒤에서 들려오는 소리다.

그녀는 뒤로 돌아 제3의 인물을 본다. 동산지기가 틀림없다. 마리아는 그가 **동산지기**라고 생각했다. 이것은 결코 의미 없는 설명이 아니다. 왜

요한은 "처음에 그녀는 그가 예수님이신 것을 깨닫지 못했다"라고 하지 않았을까? 왜 마리아 자신도 제대로 파악하지 못한 것을 굳이 우리에게 말해줄까?

요한은 창세기 1장의 창조 기사를 모방하는 것으로 자기의 복음서를 시작했다. "태초에 말씀이 계시니라… 만물이 그로 말미암아 지은 바 되었으니"(요 1:1, 3). 예수님은 우주의 창조주셨고, 에덴에 동산을 만드시고 아담을 그 동산지기로 불러 그 경계를 땅 끝까지 넓혀주신 분이다(창 2:8).

그리고 새 창조가 시작된 무덤에서 마리아는 예수님을 동산지기로 착각했다. 어떤 면에서 그것은 실수가 아니다. 말씀이 육신이 되셨고, 창조주가 둘째 아담이 되셨기 때문이다. 그분은 첫 번째 동산지기인 아담이 크게 실패했던 일을 수습하도록 임명되셨다. 예수님은 옛 사망의 세상으로부터 부활하셨다. 이는 타락한 세상을 재건하고, 마침내 영광스런 동산이 될 새 창조를 시작하는 복원사역을 위함이다.[8]

용감하게도 마리아는 낯선 이에게 눈물로 항의한다. 대화는 실제적일 뿐 아니라 신랄하다. "주여, 당신이 옮겼거든 어디 두었는지 내게 이르소서. 그리하면 내가 그분을 가져가리이다." 그녀는 아주 상냥하지만 몹시 고뇌하고 있고, 매우 열정적인 결의에 차 있으며, 대단히 혼란스러워한다. 그녀의 신체조건상 예수님을 가져가는 시도조차 불가능하지만, 그럼에도 그녀는 예수님께서 존중받아야 한다고 생각했다.

그녀의 말이 얼마나 성경적인지 주목하라. 그녀는 계속해서 '그것'이 아니라 '그분'으로 지칭하고 있다.

왜 그녀는 예수님을 알아보지 못했을까? 태양빛에 눈이 부셨기 때문일까? 너무 이른 시각이어서 예수님 위로 그림자가 생겼기 때문일까? 아니면 눈물이 그녀의 시야를 가렸기 때문일까? 모든 사람과 사물이 재미없고, 하찮고, 알아챌 가치가 없어질 만큼 슬픔에 사로잡혔기 때문일까?

결국 그녀의 모든 관심은 '그 동산지기가 누구냐'가 아닌, '예수님께 무슨 일이 일어났느냐'였다.

어쩌면 그녀는 요한의 기사가 암시하는 것처럼 사실상 예수님을 쳐다보지 않고 있었는지 모른다. 왜냐하면 예수님이 다시 말씀하시자 그녀가 "돌이켜" 말했기 때문이다 (요 20:16). 이 부분 역시 기사에 현실성과 진정성을 불어넣는다.

그분은 부활하신 몸을 가진 예수님이셨다. 혹 그것이 차이를 낳았을까? 우리가 할 수 있는 건 추측뿐이다. 동산지기라고 생각했던 예수님이 그녀의 이름을 부르신다. "마리아야."

그녀는 그 음성을 알고 있다! 정말일까? 진짜? 우리가 본능적으로 사랑하는 사람의 음성을 인식하는 것처럼 마리아도 그분을 인식한다. 구주께서 목자에 관해 말씀하셨던 바와 같다. "양은 그의 음성을 듣나니 그가 자기 양의 이름을 각각 불러 인도하여 내느니라"(요 10:3).

부활하신 예수님을 가장 먼저 본 사람은 여자였다. 요한은 이 부분을 기술하는 내내 제자들이 부활을 예상하지 못했다는 것을 분명히 한다. 그 사건은 현대인에게 믿을 수 없는 일인 것처럼 그들에게도 믿을 수 없는 일이었다. 그들이 아둔해서(무식하거나 비과학적이라서) 예수님의 부활을 믿은 것이 아니다. 모든 사실이 믿을 수밖에 없는 일들을 가리켰기 때문이었다.

약속이 실현되고 있다

제자들이 부활을 전혀 예상하지 못한 것은 현대인들이 의심하는 것과 같은 이유였다. 그들은 죽은 사람이 다시 살아나지 않는다는 것을 '알고 있었다.' 죽은 자는 죽은 상태를 유지한다. 이것은 단지 헬레니즘 세계의 견해가 아니다. 유대교의 주요 종파인 사두개인들도 사람의 부활을 믿지 않았다(뿐만 아니라 그것이 어리석은 사상임을 보여줄 수 있다고 생각했다. 마 22:23-33).

나사로의 누이 마르다처럼, 부활을 믿었던 사람들조차 이렇게 빠른 시일 안에 부활이 발생할 줄은 예상치 못했다. 물론 언젠가 나사로도 살아나겠지만, 그것은 마지막 날의 일일 것이다(요 11:24).

그러므로 막달라 마리아도 현재의 부활을 생각하지 못했다. 개인적인 육체의 부활을 받아들일 수 없었다. 그녀가 아는 전부는 지금 예수님이 뒤에 계시다는 사실이다. 그곳에, 바로 그녀 앞에 서 계시다. 유령이 아니다. 예수님이다. 그녀는 예수님을 꽉 붙든다. 예수님이 영원히 사라지셨다고 생각했지만, 지금 여기에 그분이 계시다.

'다시는 보내지 않으리라!' 마리아는 영원히 예수님에게서 손을 떼고 싶지 않다. 그분이 육체로 존재하신다. 물론 전에도 육체로 존재하셨지만 빼앗겼다. 하지만 이제 다시는 빼앗기지 않으리라!

이 부분에서 부활하신 예수님이 어떤 육체로 존재하시는지 주목해보자. 예수님은 붙들릴 수 있고 꽉 쥐어질 수도 있으시다. 그분의 몸은 모양과 형체를 가지셨다. 예수님의 영이 살아있는 게 아니다. 예수님이 부활하신 것이다.

존 도미닉 크로상은 앞에서 언급한 '예수 세미나'의 지도자급 인물로 잘 알려져 있다. '예수 세미나'는 복음서 모든 요소의 진정성에 판결을 내리는 것으로 유명하다. 기적은 일어날 수 없다고 믿기 때문에, 기적을 언급하는 본문들은 쉽게 버려진다. 크로상 교수는 예수님이 얕은 무덤에 묻혔고 들개들이 그 시체를 먹었다고 이야기한다. 그에게 부활절은 베드로의 감정, 베드로를 엄습한 '느낌'일 뿐이다.

하지만 요한의 기사에는 느낌이 배제되어 있다. 크로상 박사가 만지거나 보거나 재거나 믿을 수 없는 것을 막달라 마리아는 만지고 붙잡을 수 있었다. 이런 경우 우리는 목격자들과 운명을 함께한다.

예수님은 마리아에게 자기를 붙들지 말라고 부드럽게 말씀하신다. 그 이유가 흥미롭다. "내가 아직 아버지께로 올라가지 아니하였노라."

이 말에는 심오한 의미가 있다. 예수님의 부활은 사실 예수님의 승귀(昇貴, 제2위격이신 성자 하나님이 부활하시고 승천하시고 성부의 우편에 앉으시고 재림하시기까지의 영광의 과정-역주)의 두 단계 중 1부다. 예수님은 부활하신 다음에 승천하여 성부 하나님 우편에 앉으셨다(다음 장에서 살펴볼 것이다). 혹 예수님이 나사로처럼 되살아나셔서 예전의 삶을 이어가신다 해도 마리아가 예수님께 매달려서는 안 된다.

예수님은 이제 막 승귀를 시작하셨다. 다락방에서 예수님이 제자들에게 가르치셨던 교훈을 마리아도 배워야 한다. 예수님은 제자들을 떠나갈 것이며, 그것이 그들에게 유익하다. 그래야만 예수님이 그분의 성령을 보내셔서 그들 안에 거하시며 그들에게 능력을 주실 것이다(요 16:7-11).

마리아가 이 교훈을 얼마나 이해하고 있었는지 모르지만 그렇다고 우리가 그녀에게 말해줄 방도는 없다. 그때 예수님이 다음과 같이 덧붙이신다. "나를 붙들지 마라. 너는 내 형제들에게 가서 내가 내 아버지 곧 너희 아버지, 내 하나님 곧 너희 하나님께로 올라간다 해라."

이제 마리아는 메신저가 되어 제자들에게 말해줘야 한다. 다락방에서 하셨던 예수님의 약속이 실현되고 있다. 그들을 고아같이 버려두지 않으실 것이다! 그들은 하나님의 자녀로 입양되어 예수님의 형제가 되었다. 그들은 이제 한 가족이다. 예수님의 하나님이 그들의 하나님이시고, 예수님의 아버지가 그들의 아버지시다(요 14:18, 20:17 참조).

이 말의 정확한 의미에 대해서는 완벽하게 합의되지 못하고 있다. 주로 예수님이 하나님과의 관계와 제자들과의 관계 사이에서 두드러지는 것처럼 해석될 때가 많다. 마치 하나님이 예수님의 하나님이자 아버지이신 것과 제자들의 하나님이자 아버지이신 것이 별개라는 듯 말이다. 하지만 정반대의 해석이 더 낫고 자연스럽다. 예수님은 불과 3일 전에 말씀하셨던 특권으로 제자들을 데려가신다. 이제는 예수님을 믿고 그분께 속한 모든 사람이 그분의 형제다. 부활하신 성자 안에서, 성자를 통해, 제자들은 하나님의 가족으로 입양되고, 하나님이 그들의 아버지가 되신다!9)

이것이 부활의 기초가 되는 사실이다. 이 놀라운 일을 발견한 첫 번째 사람은 여자, 곧 막달라 마리아였다. 그리고 앞에서 언급한 것처럼, 이 일을 그토록 놀랍고도 진정성 있게 만드는 것은 1세기 때는 여자가 법정에서 증언할 수 없었다는 사실이다. 당시에는 여자의 증언이 받아들여지지 않았다. 그것이 문화였다. 제자들이나 초대 그리스도인들의 사상이 아니었다! 하지만 이것은 오히려 요한의 부활 기사에 신빙성과 역사성을 더해 준다. 만약 요한이 기사를 조작했다면, 그가 가장 꺼렸을 일이 바로 부활하신 예수님의 첫 번째 목격자가 여자라는 사실이었을 것이다. 그러므로 이것은 일어났던 일 그대로, 명확한 사실이다.

부활이 없으면 신약성경도 없다

예수님의 부활의 온전한 의미를 연구하고 설명하는 일에 신약성경의 남은 부분이 사용된다. 실제로 부활 전에는 신약성경의 단 한 글자도 기록되지 않았다. 이런 의미에서 부활은 신약성경의 원인이자 필수조건이다. 즉 부활이 없으면, 신약성경도 없다.

요한은 부활절 이야기라는 범주 안에서 아주 중요한 가르침을 기사 속에 촘촘히 짜 넣었다. 그중 하나가 "그때에야 무덤에 먼저 갔던 그 다른 제자(요한 자신을 가리킨다)도 들어가 보고 믿었다"는 기록이다.

요한은 "보고 믿었다." 이 시점에서 우리는 베드로를 그다지 신뢰할 수 없다. 확실한 것은 요한이 그곳에 있었고 부활하신 그리스도를 믿었다는 것이다. 바로 세마포와 수건이 놓여 있는 무덤을 본 결과였다.

여기서 요한의 설명 방법에 주목하라. 요한은 그것을 구약의 가르침과 합치지 않았다. "그들은 성경에 그가 죽은 자 가운데서 다시 살아나야 하리라 하신 말씀을 아직 알지 못하였기" 때문이다(요 20:9).

이를테면 요한은 시편 16편을 알았다. 거기에는 "주께서… 주의 거룩한 자를 멸망시키지 않으실 것임이니이다"라고 쓰여 있다(시 16:10). 요한은 주님이 십자가 위에서 시편 22편을 인용하신 것을 들었다. 시편 22편은 하나님께로부터 버림받는 고통으로 시작하여 결국 승리와 기쁨으로 끝난다. 하지만 요한은 아직 구약의 약속을 기억하는 단계에 있지 않았다. 예수님께서 말씀하신 부활의 약속이 실현되었다는 사실을 겨우 받아들일 수 있었다! 또한 요한은 구약 전체가 어떻게 예수님을 가리켰는지 아직 이해하지 못했다. 나중에 주께서 그를 비롯한 제자들에게 어떻게 그러한지를 가르쳐주실 것이다. 요한은 다만 무덤 속 수의와 빈 무덤의 의미를 이해했다. 요한복음은 표적의 책이다. 요한은 "예수께서 제자들 앞에서 이 책에 기록되지 아니한 다른 표적도 많이 행하셨으나 오직 이것을 기록함은 너희로 예수께서 하나님의 아들 그리스도이심을 믿게 하려 함"이라고 말한다(요 20:30-31). 그러므로 빈 무덤도 그 표적 중 하나다. 딴 곳에 쌌던 대로 놓여 있던 수건과 빈 무덤은 예수님이 사망과 무덤을 정복하셨다는 첫 번째 표적에 해당한다.

예수님은 승리하셨다. 우리의 죄와 죄책을 해결하셨다. 약속하신 대로 악한 자, 곧 이 세상의 임금을 쫓아내셨다(요 12:31). 요한은 이것을 믿었다.

승리의 표적

주일마다 전 세계 많은 교회에서 사도신경이 고백된다. 사도신경은 기독교 복음의 오랜 요약본이다. 이로써 그리스도인들은 창조주이신 성부, 구속주이신 성자, 그리고 성령에 대한 신앙을 고백한다. 또한 교회의 교제에 속하는 특권, 복음의 은총, 그리고 세상의 끝을 찬미한다.[10]

사도신경은 예수 그리스도가 "장사되시어 지옥에 내려가셨다"(공인된 원문[Forma Recepta]에는 있으나 대다수의 본문에는 없고, 한국어 사도신경에도 없다 – 역주)고 말해준다. 이 표현은 다양하게 이해되어 왔다. 하지만 이것이 우리에게 확실히 상기시켜 주는 것은, 십자가 위에서 예수님이 어둠의 권세에 적극적으로 관여하셨다는 점이다. 바울은 예수님이 그들을 무력화시키셨고 이기셨다고 말한다. 예수님은 수치를 당하는 시간에도 그들을 드러내어 구경거리로 삼으시고 십자가로 그들을 이기셨다(골 2:15). 요한도 이렇게 말한다. "하나님의 아들이 나타나신 것은 마귀의 일을 멸하려 하심이라"(요일 3:8).

빈 무덤은 어둠의 세력과의 전쟁이 시작되었을 뿐 아니라 그 전쟁에서 그리스도께서 승리하셨음을 보여주는 첫 번째 표적이었다. 베드로는 오순절 설교에서 "하나님께서 그를 사망의 고통에서 풀어 살리셨으니 이는 그가 사망에 매여 있을 수 없었음이라 …그가 **음부**(지옥)에 버림이 되지 않고"(행 2:24–31)라고 말한다.

다시 말해 빈 무덤은 죄와 사망과 지옥에 대한 예수님의 승리의 표적이다. 그 함축적 의미는 부활하신 그리스도 안에서 피난처를 구하고 찾는 사람을 사탄이 결코 이길 수 없다는 뜻이다. "누가 정죄하리요 죽으실 뿐 아니라 다시 살아나신 이는 그리스도 예수시니"(롬 8:34).

왕의 사면장

존 번연의 『천로역정』(Pilgrim's Progress)은 순례자 크리스천이 악한 자 아볼루온와 대결하는 박진감 넘치는 장면을 기록한다. 아볼루온은 크리스천의 이름이 전혀 쓸모없다고 비난한다. 이에 순례자가 어떻게 대응했는가? 크리스천이라면 어떻게 대응해야 하는가?

순례자는 다음과 같이 대답한다.

전부 사실이다. 심지어 네가 빠뜨린 것이 훨씬 많다. 하지만 내가 섬기고 예배하는 왕은 자비로우시다. 기꺼이 용서하신다. …나는 내 왕의 사면장을 얻었다.[11]

본질적으로 그는 다음과 같이 말하고 있는 것이다. "너는 나의 죄와 실패를 절반도 모른다. 나는 네가 생각하는 것보다 훨씬 더 나쁘다. 나는 나 자신의 의로움을 믿지 않는다. 너를 정복할 나의 능력도 믿지 않는다. 나는 나의 왕 예수님의 의로움과 능력을 믿는다. 그분은 나를 용서하시기 위해, 그리고 너를 정복하기 위해 죽으셨고 다시 살아나셨다. 그분과 나의 모든 원수를 정복하기 위해서 말이다!"

존 뉴턴 역시 이것을 잘 이해하고 성도들에게 이렇게 찬양하라고 가르쳤다.

사탄이 괴롭게 짓누르는 죄 짐 아래
눈에 보이지 않는 전쟁과 내면의 두려움으로 쓰러져
안식을 찾아 당신께 옵니다.

당신이 나의 방패와 은신처가 되소서.
그러면 당신 곁을 피난처 삼아 나의 사나운 고소인을 대면하여
당신이 죽으셨다고 말할 것입니다.[12]

그렇다. 그리스도께서 당신을 위해 죽으셨다고 사탄에게 말하라. 그리스도께서 당신의 칭의를 위해 다시 살아나셨다고 말하라. 당신이 '그리스도 안에' 있기 때문에 하나님께서 당신을 (하나님이 보시기에) 예수님만큼이나 의로운 자로 간주하신다고 말하라. 이는 당신이 예수님의 의로 말미암아 의롭게 여겨지기 때문이다!

예수님, 당신의 피와 의는 저의 아름다움이요, 저의 영광스런 옷입니다.
불타는 세상 한복판에서, 당신의 피와 의로 치장한 채 저는 기쁘게 머리를 들겠습니다.

그 크신 날에 저는 담대히 서겠습니다.
제 죄의 혐의를 그 누구에게 지우겠습니까?
저는 당신을 통해 완전히 용서받습니다.
죄와 두려움으로부터, 죄책과 수치로부터.[13]

이 모든 것이 부활로부터 흘러나온다. 왜냐하면 "예수는 우리가 범죄한

것 때문에 내줌이 되고 또한 우리를 의롭다 하시기 위하여 살아나셨기" 때문이다 (롬 4:25).

요한은 "믿었다." 그러한 요한의 증언은 다음의 질문을 촉발한다. "나도 믿는가? 예수님을 믿는가? 죽은 자 가운데서 살아나시고 지옥과 무덤을 이기신 예수님을 믿는가?"

죄와 사망이 우리에게 가져다준 것들을 생각해보라. 온갖 종류의 육체적 질병, 슬픔, 실망, 두려움의 배후에 죄와 사망의 영향력이 있다. 죄가 우리의 지속적인 원수라면, 사망은 '마지막 원수'다(고전 15:26). 하지만 그날이 온다. 그날엔 영광스런 부활의 새 몸을 입고, 저는 자가 뛸 것이요, 귀먹은 자가 구주의 음성을 들을 것이요, 눈먼 자가 구주의 얼굴을 볼 것이요, 병든 자가 치유될 것이다. 하나님이 우리 눈에서 모든 눈물을 씻어주실 것이다. 이 모든 일은 예수님의 부활의 결과다.

장엄한 회복의 시작

요한은 첫 부활주일에 예수님이 하신 특별한 일을 기록했다. 저녁에 예수님은 한 방에 모여 있던 제자들에게 나타나셨다. 아마도 예수님과 함께 마지막으로 대화를 나눈 방이었을 것이다. 예수님의 십자가형을 집행한 자들이 이제 그들에게 향할 것을 두려워한 나머지, 그들은 집 문을 잠갔다 (요 20:19). 하지만 예수님을 막을 수는 없었다. 부활하신 예수님은 그 방 안에 나타나셨다!

그곳에서 예수님은 무언가를 하셨다. 아니, 무언가를 말씀하셨다. 제자들에게는 엄청난 의미가 있었다. 예수님의 첫마디는 축복기도였다. **"샬롬"**(너희에게 평강이 있을지어다).

이 단어는 완전함, 안녕, 치유, 온전함을 의미했다. 하나님과의 평화, 자신과의 평화, 서로 간의 평화, 피조물과의 평화를 의미했다. 이미 저주를 받으신 예수님이 지금 축복을 주고 계시다. 이사야가 고난받는 종이 성취하게 될 거라 말했던 바로 그것이다. "그가 징계를 받으므로 우리는 평화를 누리고"(사 53:5). 그 평화를 지금 예수님께서 주고 계신 것이다.

셰익스피어의 말처럼 세상은 "어지러웠다."[14] 오늘날도 여전히 피조물이 만물의 새로워짐(**샬롬**)을 갈망하고 계속해서 탄식하며 고통을 겪고 있다(롬 8:20-22). 그런데 여기서 예수님은 장엄한 회복을 시작하신다. 그분은 지성소에서 오신 우리의 아론, 우리의 대제사장이시다. 거기서 우리 죄를 위한 희생제물이 되셨다. 예수님 자신이 그분의 제사가 하나님께 받아들여졌음을 보여주는 분명한 신호다. 백성들의 죄가 용서받았다. 예수님께서 손을 들어 아론의 축복을 선포하신다. "여호와는 네게 복을 주시고… **평강 주시기를 원하노라**"(민 6:24-26).

이 장면을 바울은 신학적인 용어로 이렇게 묘사한다. "우리 주 예수님은 우리가 범죄한 것 때문에 내줌이 되고 또한 우리를 의롭다 하시기 위하여 살아나셨다. 그러므로 우리가 믿음으로 의롭다 하심을 받았으므로 우리는 하나님과 화평을 누린다." "그가(부활하신 그리스도가) 오셔서 너희에게 평안을 전하셨다"(롬 4:24-5:1; 엡 2:17 참조).

하지만 요한은 한 가지 기록으로 일격을 가한다. 바로 약속에 대한 기록이다.

요한은 예수님이 제자들에게 이 말씀을 하시고 "그들을 향하사 숨을 내쉬며 이르시되 성령을 받으라" 하셨다고 말한다(요 20:22).

이것은 상징적인 동작이자 행위로 보여준 비유다. '숨을 내쉬다'와 '영'은 히브리어와 헬라어에서 모두 같은 단어다(히브리어로 **루아흐**[ruach], 헬라어로

프뉴마[pneuma]). 부활하신 예수님은 여기서 한 편의 연극을 보여주신다. 그 연극의 온전한 의미는 장차 분명해질 것이다. 지금은 그들의 미래에 힌트를 주고 계시다.

40일 후 예수님은 성부 하나님 우편에 있는 보좌로 올라가실 것이다. 그리고 제자들과 영원히 함께 계실, 약속된 또 다른 보혜사인 성령을 보내주실 것이다. 이것이 그분의 승귀의 세 번째 단계가 될 것이다. 그리스도는 살아나셨고, 승천하실 것이며, 대관식 기념 선물로 교회에 성령을 주실 것이다. 이와 같이 그분의 부활은 성령이 오신다는 확신이요 보증이다.

그런데 왜 성령이 오시는 걸까? 예수님께서 그 이유를 설명하신다. 예수님은 제자들을 부활의 메시지와 함께 땅끝으로 보내신다. 이 일을 위해 예수님께 힘을 더해주었던 성령님의 도움이 제자들에게도 필요할 것이다. 그래서 예수님은 제자들에게 위임하신다. "아버지께서 나를 보내신 것같이 나도 너희를 보내노라 성령을 받으라"(요 20:21-22).

그리스도인이 된다는 것은 얼마나 멋진 일인가. 부활하신 그리스도를 알고, 하나님과 **샬롬**을 누리고, 그리스도의 용서와 회복, 그리고 그분과 함께 모든 원수에 대한 승리를 누린다. 또한 그분의 부활이 첫 열매이고, 마지막 열매는 우리의 부활로 나타날 것을 안다. 그러므로 우리는 구주와 같은 부활의 몸으로 경험하게 될 새 하늘과 새 땅 및 만물의 새로워짐을 간절히 소망한다.

물론 죽음에는 비통함과 슬픔과 헤어짐이 있다. 하지만 그리스도의 부활은 우리가 그리스도께 속한 자들에게 최후의 고별인사를 하지 않는다는 것을 의미한다. 오직 **'아듀'**('하나님께' 나는 당신을 위탁합니다. 'adueu'는 안녕이라는 뜻이며 'à Dieu'는 'to God'의 의미-역주), 혹은 **'오 흐부아르'**(우리가 다시 볼 때까지, 'au revoir'는 '또 봅시다'라는 뜻-역주)를 의미한다.

하지만 아직은 아니다. 예수님은 제자들에게 그 사이에 할 일을 주신다.

"하늘과 땅의 모든 권세를 내게 주셨으니 그러므로 너희는 가서 모든 민족을 제자로 삼아 아버지와 아들과 성령의 이름으로 세례를 베풀고 내가 너희에게 분부한 모든 것을 가르쳐 지키게 하라 볼지어다 내가 세상 끝날까지 너희와 항상 함께 있으리라 하시니라"(마 28:18-20).

그러므로 우리 삶에서 부활의 열매는 우리가 알고 믿게 된 바를 가서 전하는 것을 포함한다. 사람들에게 무엇을 전해야 할까? 빈 무덤과 부활하신 그리스도를 말하라. 그분이 우리 죄를 어떻게 용서하시는지, 지금부터 영원토록 우리 삶을 어떻게 변화시키시는지 말이다.

"믿음의 주요 또 온전하게 하시는 이인 예수를 바라보자
그는 그 앞에 있는 기쁨을 위하여 십자가를 참으사 부끄러움을 개의치 아니하시더니
하나님 보좌 우편에 앉으셨느니라" **히 12:2**

8. 보좌 — 승천

보좌에서
빛의 세상을 다스리는 이 누구신가?

주님이시다! 오 놀라운 이야기여!
주님이시다! 영광의 왕이시다!
그 발 앞에 겸손히 엎드리네.
왕으로 모시세, 만유의 주를 왕으로 모시세.

눅 24:50-53

예수께서 그들을 데리고 베다니 앞까지 나가사 손을 들어 그들에게 축복하시더니
축복하실 때에 그들을 떠나 [하늘로 올려지시니]
그들이 [그에게 경배하고] 큰 기쁨으로 예루살렘에 돌아가 늘 성전에서 하나님을 찬송하니라

행 1:1-11

데오빌로여 내가 먼저 쓴 글에는 무릇 예수께서 행하시며 가르치시기를 시작하심부터
그가 택하신 사도들에게 성령으로 명하시고 승천하신 날까지의 일을 기록하였노라
그가 고난받으신 후에 또한 그들에게 확실한 많은 증거로 친히 살아계심을 나타내사
사십 일 동안 그들에게 보이시며 하나님의 나라의 일을 말씀하시니라
사도와 함께 모이사 그들에게 분부하여 이르시되
예루살렘을 떠나지 말고 내게서 들은 바 아버지께서 약속하신 것을 기다리라
요한은 물로 세례를 베풀었으나 너희는 몇 날이 못 되어 성령으로 세례를 받으리라 하셨느니라
그들이 모였을 때에 예수께 여쭈어 이르되
주께서 이스라엘 나라를 회복하심이 이때니이까 하니
이르시되 때와 시기는 아버지께서 자기의 권한에 두셨으니 너희가 알 바 아니요
오직 성령이 너희에게 임하시면 너희가 권능을 받고
예루살렘과 온 유대와 사마리아와 땅끝까지 이르러 내 증인이 되리라 하시니라
이 말씀을 마치시고 그들이 보는데 올려져 가시니 구름이 그를 가리어 보이지 않게 하더라
올라가실 때에 제자들이 자세히 하늘을 쳐다보고 있는데
흰 옷 입은 두 사람이 그들 곁에 서서 이르되
갈릴리 사람들아 어찌하여 서서 하늘을 쳐다보느냐
너희 가운데서 하늘로 올려지신 이 예수는 하늘로 가심을 본 그대로 오시리라 하였느니라

이미 살펴보았듯이, 그리스도인들은 사도신경[1]으로 예수 그리스도께서 하나님의 외아들이심을 고백한다. 그분은

성령으로 잉태하사 동정녀 마리아에게 나시고,
본디오 빌라도에게 고난을 받으사, 십자가에 못 박혀 죽으시고,
장사한 지 사흘 만에 죽은 자 가운데서 다시 살아나시며…

그 다음 구절은 무엇인가? 그리스도의 사역에서 그 다음에 이어지는 주요 사건은 무엇인가?

하늘에 오르사, 전능하신 하나님 우편에 앉아 계시다가…

승천이 왜 중요할까?

예수님의 승천은 사도신경 초기 형태에도 등장한다. 그럼에도 예수님의 사역에서 가장 자주 무시된다. 물론 '교회력'에 따라 예배의식을 챙기고 승천일을 표시해 놓은 교회는 예외다.

승천이 왜 중요할까? 실제적인 중요성은 무엇일까?

어떤 의미에서 예수님의 부활과 마지막 고별인사 사이에 일련의 '임시 승천'이 있었을 가능성이 있다. 무덤에서 예수님은 막달라 마리아에게 마치 부활이 단순히 옛날로 돌아가는 일인 것처럼 자기를 붙들지 말라고 말씀하셨다. "내가 아직… 올라가지 아니하였노라."

이 말이 무슨 뜻일까? 곧 아버지께로 가시지만 적어도 잠시 동안은 계속해서 다시 올 것이라는 신호일까? 부활 후 모습을 드러내신 중간중간에 예수님이 사라지셨던 곳은 어디일까?

이를테면 예수님은 엠마오 도상에서 만난 제자들과 함께 떡을 떼신 후 그들에게서 사라지셨다. "예수는 그들에게 보이지 아니하시는지라"(눅 24:31). 그날 저녁 예수님은 다시 나타나셨다. 그리고 다시 사라지셨다. 디베랴 바다(갈릴리)에도 모습을 드러내셨지만(요 21:1), 그 후 어디로 가셨는지에 대한 기록이 없다.

누가는 예수님이 "사십 일 동안 그들에게 보이셨고" "사도와 함께 모이셨다"(문자적으로는 '함께 소금을 먹다.' 혹은 '그들과 함께 먹다.'에 더 가깝다)고 말한다(행 1:3-4). 따라서 우리는 제자들에게 마지막 떠남을 준비시키기 위해 예수님이 왔다 가셨다는 인상을 받는다.

누가는 예수님의 마지막 떠나심을 두 번 기록한다(눅 24:50-53; 행 1:6-11). 그 일은 대략 부활하신 때로부터 6주 뒤인 오순절 직전에 발생했다. 그것은 분명 성부께로 가는 '마지막' 승천이었고, 결정적인 방식으로 일어났다. 또한 제자들에게 그것이 부활의 몸을 입으신 예수님과의 짧은 교제의 끝이라는 사실에 조금의 의심도 남기지 않았다. 이것이 바로 역사가였던 누가가 이 사건을 상세하게 기록한 이유다. 누가는 구주께서 시각적으로, 그리고 물리적으로 어떻게 승천하셨으며 어떻게 시야에서 사라져 구름 속으로 들어가셨는지 묘사했다.

앞에서 우리는 세 명의 제자가 예수님의 변모를 목격한 사건을 살펴보았다. 그것은 예수님의 승천과 달랐다. "(그가) 올려져 가시니 구름이 그를 가리어 보이지 않게 하더라"(행 1:9).

예수님은 다양한 방식으로 영구히 성부께 올라가실 수 있었을 것이다. "이것이 내가 너와 이 땅에서 함께하는 마지막이다."라고 말씀하시고 홀연히 모습을 감추실 수도 있었을 것이다. 하지만 예수님은 제자들의 눈앞에서 '승천'하셨다. 이것이 너무나 놀라운 광경이었기에 제자들은 그저 하늘만 쳐다보고 서 있었다. "흰 옷 입은 두 사람"이 그들에게 "갈릴리 사람들아 어찌하여 서서 하늘을 쳐다보느냐?"라고 질문한 뒤에야 간신히 현실로 되돌아 왔다(행 1:10-11).

예수님은 왜 그런 식으로 떠나신 걸까? 이 질문에는 가장 단순한 대답이 정답일 듯하다.

우리는 대체로 물리적인 이동에 의미를 부여하는 경향이 있다. 이를테면 학급의 '상위'가 '하위'보다 바람직한 위치라고 생각한다. 종종 학생이 교수님들과 함께 '귀빈석'(high table)에 앉게 될 때가 있다. 모든 부모가 자녀들이 '출세'하는(go up in the world) 것을 보고 싶어 한다. 우리는 사람들이 '깔보는' 것보다 '우러러보는' 것을 선호한다. 군주들은 왕좌에 '오른다.' 사람들은 '쇠퇴한다'(go down hill).

이렇듯 물리적 이동은 지위를 표현하는 은유법이다. 그러므로 예수님께서 제자들에게 자신이 이제 '보좌에 오르신다'는 사실을 보이시는 일에 그토록 의기양양한 모습으로 하늘로 들려 올라가시는 것보다 더 좋은 방법이 없었을 것이다.

사도신경이 말하는 것처럼 "(예수 그리스도는) 전능하신 (성부) 하나님 우편에 앉아 계신다."

하늘과 땅의 모든 권세

예수님의 승천은 최종적으로 시야에서 사라지신 것을 가리킬 뿐 아니라 미래에 영광스럽게 가시적으로 다시 오실 것을 가리키기도 한다.

누가는 예수님이 승천하신 후에 등장한 흰 옷 입은 두 사람의 질문을 기록한다. "어찌하여 서서 하늘을 쳐다보느냐"(행 1:11). 몇몇 제자들이 다음과 같이 생각했던 걸까? '정말 놀라운 사건이야. 하지만 예수님은 곧 돌아오실 거야. 그냥 일시적으로 사라지신 거야. 이게 대체 무슨 일인지 잘 모르겠지만 아무튼 예수님은 분명 돌아오실 거야.'

하지만 예수님은 당분간 돌아오지 않으실 것이다. 제자들은 이 사실을 정확히 알고 예수님께서 그들에게 지시하신 "예루살렘을 떠나지 말고 내게서 들은 바 아버지께서 약속하신 것을 기다리라"[2]는 명령을 기억해야 했다.

동시에 그들은 주님이 비록 당장은 아닐지라도 언젠가 다시 오신다는 것을 되새기고 확신해야 했다.

언젠가 그들은 예수님께 흥미로운 질문을 드린 적이 있다. "주께서 이스라엘 나라를 회복하심이 이때니이까?" 칼빈은 "이 질문에는 단어 수만큼 많은 오류가 있다"고 주해한다.[3] 아마도 제자들이 상황을 대단히 잘못 이해했던 것 같다.

예수님의 사명은 이스라엘에만 배타적으로 국한되는 게 아니었다. 그보다 훨씬 넓었다. 결국 예수님은 **하늘**로 가셨다. 예루살렘으로 돌아가신 게 아니었다! 그분은 다락방이나 갈릴리 바다가 아닌 하나님 우편에 앉아 계실 것이다. 그분은 유대민족에게뿐 아니라 하늘과 땅에 모든 권세를 행사하실 것이다.

또한 하나님의 아들은 아버지와 항상 함께 계신다(요 1:18). 그분은 아버지와 함께하지 않으신 적이 없다. 그런데 지금 영원히 제자들을 떠나신다. **성육신하시고, 십자가에서 죽으시고, 다시 살아나신 아들**로서 인간의 본성을 입으신 채 성부께로 돌아가신다.

제자들이 목격한 광경의 놀라운 함의는 성육신이 단지 하나님의 아들이 우리 죄를 위한 희생제물이 되는 일시적인 수단에 그치지 않았다는 사실이다.

성육신은 영원하고 돌이킬 수 없다. 그래서 예수님은 본향으로 가시는 도중에 자기 육체를 버리지 않으셨다. 마치 인생의 한 부분에만 필요했던 장치였고 미래에는 불필요하다는 듯이 육체를 벗어버리지 않으셨다.

이것은 또한 예수님께서 직접 약속하셨을 뿐 아니라 하늘의 두 메신저가 확증해주듯, 예수님이 재림하실 때 떠나신 방식 그대로 다시 오실 것임을 암시한다. 시각적으로, 물리적으로, 육체로 말이다. 이와 같이 우리는 "예수 그리스도는 어제나 오늘이나 영원토록 동일하시니라"(히 13:8)라는 말씀을 온전한 의미 그대로 확신한다.

영광의 구름

예수님은 구름 속으로 사라지셨다. 우리는 제자들이 옛 언약을 믿는 자들이었음을 기억해야 한다.

그들은 구약성경 말씀대로 살고 생각했다. 그러므로 우리는 예수님의 승천을 그들 곁에 서서 그들의 렌즈로 보아야 한다. 이 렌즈는 옛 언약의 처방전대로 제조되었다. 이 말은 곧 "이 구름이 무엇을 상징하는가?" 질문한다는 뜻이다.

우리는 전에도 이 구름을 본 적이 있다. 하나님이 시내산으로 내려오실 때 영광의 구름 속에 오셨다. 광야에서는 밤이면 불기둥으로, 낮에는 구름 기둥으로 자기 백성을 인도하셨다. 모세가 회막에서 하나님을 만날 땐 구름 기둥이 회막 문에 섰다(출 13:21-22; 33:7-11). 언약궤가 솔로몬 성전의 성소로 옮겨질 때도 동일한 구름이 "여호와의 성전에 가득했다." "여호와의 영광이 여호와의 성전에 가득"했기 때문에 "제사장이 그 구름으로 말미암아 능히 서서 섬기지 못할" 정도였다(왕상 8:10-11). 이사야가 여호와와 "성전에 연기가 충만한 것"을 볼 때 하늘의 환상 가운데서 경험한 것(사 6:4)도 이것이었을까?

모세와 엘리야가 변화산을 떠날 때 예수님과 베드로와 야고보와 요한을 감싼 것도 구름이었다. 예수님이 들어가신 이 영광의 구름은 진짜 구름이지만 상징적이기도 하다. 즉 하나님의 영광의 임재의 상징이며, 다른 한편으로는 예수님의 정체성을 표현한다.

메시지는 매우 분명하다.

예수님은 지금 하나님 곁으로 되돌아가신다. 바울이 말했듯이, 그분은 하나님의 임재의 광채 속으로 "영광 가운데서 올려지셨다"(딤전 3:16). 우리의 육신을 입고 우리와 함께 거하기 위해 오셨던 그분은 요한의 말처럼 그가 오셨던 영원(하나님과 함께 있는 영원, 하나님을 향하는 영원, 하나님과 대면하는 영원)으로 되돌아가셨다.

우리는 두 분의 교제의 깊이를 가늠할 수 없다. 그저 "감탄과 사랑과 찬양에 빠져"[4] 서서 바라볼 뿐이다. 이 영광의 구름으로 영원하신 성자께서 영원하신 성부 곁으로 되돌아가신다. 그 모든 장면이 우리 구주를 성자 하나님으로 드러낸다.

크리스투스 빅토르

예수님의 원수들은 그분의 십자가형을 도모했다. 그 과정에서 그들이 십계명을 어겼다는 사실은 그들에게 완전히 관심 밖의 문제였던 것 같다. 또한 이 원수들은 예수님의 무덤이 봉인되고 보초병들의 감시 아래 있을 거라고 확신했다. 하지만 기록된 하나님의 말씀(성경-역주)도, 살아계신 하나님의 말씀(예수님-역주)도 결코 매일 수 없다. 그분은 죽은 자 가운데서 살아나셨다. 승리하셨다.

3일째 되던 날 새벽, 예수님의 비하 상태가 끝나고 승귀가 시작되었다. 십자가와 무덤에서 그분은 그분의 원수이자 우리의 원수를 패배시키셨다. 몇 주 후 그분의 영광과 위엄이 더욱 진전되었다. 그분은 마치 개선장군의 축하행렬처럼 영광의 구름을 타셨다. 이것은 그분이 완성하신 사역을 축하하는 새로운 단계였다. 그분은 **크리스투스 빅토르**(Christus Victor)가 되셨다. 즉 죄와 사망과 사탄과 모든 어둠의 세력에 대한 '승리자 그리스도'가 되셨다. 이 모든 것이 기념비적인 물리적 사건으로 나타난다. 그 메시지는 예수님이 지금 왕좌에 오르신다, 예수님이 통치하신다는 것이다. 하늘과 땅의 모든 권세가 이제 그분의 것이다(마 28:18).

승천은 예수님의 왕권에 관한 것이다. 예수님은 오래도록 맹렬한 전투를 치르셨고, 마침내 승리를 입증하셨다. 죄를 해결하셨고, 무덤을 이기셨으며, 어둠의 세력을 패배시키셨다. 그리고 이제 왕좌에 오르신다. 천사들이 그분께 절하기 위해 기다린다. 왕좌로 가는 승전행진이 이루어질 때, 영광의 구름이 그분을 보좌한다.

종종 승전한 로마 장군을 위해 '개선식'이 열릴 때가 있었다. 색종이 환영에 맞먹는 고대 행사라 할 수 있다. 개선장군은 환호하는 시민들 앞에 전리품을 과시하며 마차를 타고 로마로 들어갔다. 하지만 로마인들은 인간의 교만을 모르지 않았다. 그런 상황에 휩쓸려 자신을 신 같은 존재로 믿기 쉬운 게 인간이었다. 그래서 노예 한 명이 마차 앞에 붙어 서서 그에게 두 마디를 반복해주었다. "호모 에스!"(Homo es, "당신은 인간일 뿐이다!")

하지만 이 개선식은 다르다. 이것은 하나님의 전사의 개선식이다. 바울은 "그가 위로 올라가실 때에 사로잡혔던 자들을 사로잡으시고"라는 시편 68편 18절을 인용한다. 이분은 "강하고 능한 여호와시요 전쟁에 능한 여호와시로다"(엡 4:8; 시 24:8). 그분이 하늘 아버지께로 되돌아가신다. 이 사건은 그분에게, 그리고 우리에게 중요한 의미로 뒤덮여있다. 존 플라벨이 말했듯이 "만약 그리스도가 승천하지 않으셨다면 우리가 어떻게 더 이상 하나님이 우리에게 청구할 계산서가 없다고 확신할 수 있겠는가?"[5] 이제 우리의 모든 빚이 갚아졌다. 예수님께서 이 땅에서 해야 했던 모든 사역을 완수하셨다. 천사들과 인간들은 다음과 같이 노래할 수 있다.

그분의 모든 사역이 끝났도다.
우리가 기쁘게 노래하네.
예수님이 승천하셨다!
우리 왕께 영광 돌리세![6]

우리는 예수님이 하늘로 올라가시는 광경과 소리를 상상하기 어렵다. 천사들, 천사장들, 그룹들, 스랍들, 장로들, 그리고 하늘이라는 하나님의 영역에서 우리가 모르는 피조물들이 그들의 주님을 환영한다. 그들은 주님을 영광의 왕으로 모시는 무리이기 때문이다.

우리는 하늘을 먼 곳으로 생각할 때가 많지만 우리가 이해하지 못하는 어떤 의미에서는 하늘이 아주 가까워 보일 때가 있다. C. S. 루이스가 제안하듯, 승천은 우주의 습곡 같은 것을 통해 발생했다.[7] 여기서 하늘은 평행선상의 우주처럼 보인다. 매우 가깝다.

이것은 하나님의 아들의 귀향이다. 어쩌면 당신은 몸소 귀향을 겪어봤을지 모른다. 아니면 TV나 유튜브로 군인들이 전쟁터에서 돌아와 공항에 도착하는 장면을 보았을 수도 있다. 가족들이 애타게 기다린다. 깃발과 풍선을 들고 있기도 하고, 악단이 준비되어 있기도 하다. 사랑하는 이를 가장 먼저 발견하고 싶어서 까치발을 한다. 감정에 북받쳐서 오래도록 보지 못한 얼굴을 빨리 보게 되기를 갈망한다. 마침내 사랑하는 이를 보자마자 달려 나간다. 상봉이다. 가족의 시간이다.

이 상황을 확대하면 속죄함을 받은 무리가 당신 마음의 눈에 보이게 된다. 그리스도께서 하나님의 천사들에게 둘러싸이신 것을 보라. 그 순전한 영광을 만끽하라. 찬양이 터져 나온다. 전쟁에 강하고 능하신 주님, 성부 하나님의 아들, 십자가에서 죽으시고 살아나신 분, 그분이 승리하여 귀향하셨다! 하늘은 그분의 승리에 대한 기쁨과 놀라움으로 가득하다. 그분은 모든 어둠과 악한 세력들의 맹렬한 공격에서 승리하셨다.

그리스도가 주님이시다!

승천은 그리스도의 승리 이상으로 그분의 왕권의 표지가 된다. 누가의 승천 기사를 읽은 첫 독자들 중 일부는 그 기사 안에 장엄한 메시지가 있음을 감지했던 것이 틀림없다. 어쨌거나 당시는 로마제국의 세계였다.

율리우스 시저가 죽고 그의 시체가 화장된 후에, 그를 신격화하는 표지로 받아들여졌던 혜성 하나가 나타났다. 그 결과 그의 후계자는 신의 아들이 되었다. 그리고 '**임페라토르 디비누스**'(Imperator Divinus, 신성한 황제), '**케사르 큐리오스**'(Kaesar Kurios, 시저가 주님이다)가 사실상 전통이 되었다. 자세하게 진술하지 않지만, 누가는 죽은 자 가운데서 살아나시고 승천하신 유일한 분이 계심을 강조한다. '**크리스토스 큐리오스**'(Christos Kurios). 곧 예수 그리스도가 주님이시다! 그분은 승천하셔서 지금 우주를 다스리는 왕좌에 앉아 계시다.

만약 이것이 정말 사도행전의 도입부에서 누가가 암시한 것이라면, 그가 누가복음 도입부에서 주었던 힌트와 평행선을 달린다.

이 땅의 케사르 아우구스투스(Caesar Augustus)는 온 세상이 로마의 세금 관할권 아래 들어오려면 반드시 등록되어야 한다는 법령을 반포했다. 하지만 하늘의 하나님은 또 다른 법령을 반포하셨다. 바로 그 아들이 모든 족속과 민족과 언어에 속한 남녀에게 보내질 것인데, 온 세상이 예수 그리스도의 복음의 좋은 소식을 들으려면 반드시 하나님께 등록되어야 한다는 법령이었다!

하늘의 사자가 선포했다. "오늘 다윗의 동네에 너희를 위하여 구주가 나셨으니 곧 **그리스도 주시니라**"(눅 2:11).

그때의 표적은 그분이 "강보에 싸여 구유에 뉘어 있다"는 것이었다(눅 2:12). 그렇다면 지금의 표적은 무엇일까? 그분이 신성의 **쉐키나**(Shekinah) 곧 영광에 싸여 하늘로 들어가시는 것이다!

시몬 베드로가 위대한 오순절 설교에서 그것을 이렇게 설명했다.

"하나님께서 그를 사망의 고통에서 풀어 살리셨으니 이는 그가 사망에 매여 있을 수 없었음이라 다윗이 그를 가리켜 이르되 내가 항상 내 앞에 계신 주를 뵈었음이여 나로 요동하지 않게 하기 위하여 그가 내 우편에 계시도다 그러므로 내 마음이 기뻐하였고 내 혀도 즐거워하였으며 육체도 희망에 거하리니 이는 내 영혼을 음부에 버리지 아니하시며 주의 거룩한 자로 썩음을 당하지 않게 하실 것임이로다 주께서 생명의 길을 내게 보이셨으니 주 앞에서 내게 기쁨이 충만하게 하시리로다 하였으므로 형제들아 내가 조상 다윗에 대하여 담대히 말할 수 있노니 다윗이 죽어 장사되어 그 묘가 오늘까지 우리 중에 있도다 그는 선지자라 하나님이 이미 맹세하사 그 자손 중에서 한 사람을 그 위에 앉게 하리라 하심을 알고 미리 본 고로 그리스도의 부활을 말하되 그가 음부에 버림이 되지 않고 그의 육신이 썩음을 당하지 아니하시리라 하더니"(행 2:24-31).[8]

베드로는 승천의 이면에 무엇이 놓여있는지를 하나씩 설명하고 있다. 하나님은 자기 아들을 왕좌에 앉히셨다!

과거 그리스도인들은 시편 24편을 승천의 생생한 복선으로 간주했다. 그리스도 예수는 하늘 보좌에 가기 위해 "여호와의 산에" 오른 자이시며(시 24:3), 그분이 승리하여 되돌아오실 때 다음과 같은 명령이 내려진다.

"문들아 너희 머리를 들지어다
영원한 문들아 들릴지어다
영광의 왕이 들어가시리로다"(시 24:7).

그런데 여기서 질문이 주어진다.

"영광의 왕이 누구시냐"(8절).

그리고 이에 대한 답이 울려 퍼진다.

"강하고 능한 여호와시요 전쟁에 능한 여호와시로다
문들아 너희 머리를 들지어다
영원한 문들아 들릴지어다
영광의 왕이 들어가시리로다"(시 24:8-9).

예수님의 왕 되심에 대한 비전을 이해했는가? 그분은 더 이상 십자가 위에 계시지 않다. 더 이상 무덤에 계시지 않다. 더 이상 이 땅에 계시지 않다. 그분은 높으신 하나님의 우편 보좌에 앉아 계신다.

우리를 위한 중보

예수님은 하나님 우편에 앉으셔서 무엇을 하시는가? 그분은 손바닥에 우주를 붙들고 계신다. 그분의 섭리대로 우리 인생의 모든 사건과 세부사항을 지도하신다. 그리고 자기 백성을 위해 중보하신다. 히브리서 저자는 다음과 같이 기록한다. "그가 항상 살아계셔서" 우리를 위하여 "간구하심이라"(히 7:25).

그러므로 그리스도의 승천은 기독교 신앙의 위대한 조항 중 하나다. 사도신경에는 이렇게 정리되어 있다. "하늘에 오르사, 전능하신 하나님 우편에 앉아 계시다가…."

혹 이렇게 말할지 모르겠다. "하지만 그건 주일을 위한 거잖아요. 월요일 아침엔 어떻게 되는 거죠? 내 실제 생활, 내 가족, 내 문제들, 내 시험들 말이에요. 이게 그것들과 무슨 상관이 있죠?"

진실은, 우리의 문제들이 우리 힘으로 다루기엔 너무 크다는 것이다. 그것들이 우리를 압도해버릴 것이다. 오늘 이뤄지지 않는다면 언젠가(그것이 우리의 마지막 날일지라도) 이뤄지고 말 것이다. 인생이 지금 우리를 압도하지 않는다면, 죽음이 압도할 것이다. 그래서 우리 모두는 우리를 꼭 붙들어줄 누군가가 필요하다. 우리를 위해 기도해줄 누군가가 필요하다.

이제 예수님께서 사랑하는 아버지께 당신을 위해 드린 말씀에 귀를 기울여보라.

아버지, 제가 저들을 위해 이룬 일을 보십시오. 저는 저들을 위해 죽었습니다. 저들을 위해 속죄를 확보했습니다. 저들은 왕의 자녀들입니다. 아버지, 저들에게 당신의 사랑을 보여주십시오. 저들에게 필요한 것을 주십시오. 저들을 본향으로 데려가 주십시오. 저들을 온전히 본향으로 데려가 주십시오.

누군가가 당신을 위해 기도하는 소리를 듣는 것은 감동적이다. 누군가가 아버지께 이야기하고 기도 중에 당신의 이름을 언급하는 것을 듣는 것은 감동적이다. 만약 당신을 위해 기도하는 누군가가 주님 곁에 가까이 있다면, 당신은 그 말이 주님 귀에 들렸을 거라고 느낄 것이다. 하지만 성경이 우리에게 가르치는 바는 그 이상이다. 승천하신 만왕의 왕, 만주의 주께서 우리를 위해 중보하신다. 자신이 성취하신 모든 것에 기초해서 말이다. 그리고 성부 하나님은 언제나 그분의 말을 들으신다!(요 11:42)

랍비 존 던컨이 말했듯이 "땅의 티끌이 높으신 하나님의 보좌 위에 있다."[9] 이 말을 생각하고 위로를 받으라!

또 다른 조력자, 보혜사

사망, 부활, 승천… 그 다음은? 오순절이다. 이 모든 것은 그리스도의 구원사역이라는 하나의 교향곡 안에서 움직인다. 그리스도는 승천의 결과로 자기 백성을 위해 중보하신다. 그분은 자신이 아버지로 인해 영화롭게 되신 후 첫 번째로 간청할 것이 무엇인지에 대해 제자들에게 말씀하셨다. 즉 그분은 제자들에게 성령을 보내달라고 아버지께 간구하실 거라고 말씀하셨다(요 14:16).

예수님은 다락방에서 제자들에게 약속하셨다. "내가 갔다가 너희에게로 올 것이다"(요 14:28 참조). 이후 그분이 어떻게 오셨는가? 그의 영으로 오셨다. 그분은 개인 사절을 보내셨고, 그를 가리켜 위로자, 혹은 격려자, 상담자라고 부르셨다. 보혜사, 곧 '또 다른 조력자'는 예수님 자신과 비슷한 분이다. 사실 예수님은 "내가 아버지께 구하겠으니 그가 또 다른 보혜사를 너희에게 주사 영원토록 너희와 함께 있게 하리니 그는 진리의 영이라… 너희는 그를 아나니 그는 너희와 함께 거하심이요 또 너희 속에 계시겠음이라"(요 14:16-17)고 명백하게 말씀하신다.

오순절 날, 온 세계가 예루살렘에 모여들었다.

"우리는 바대인과 메대인과 엘람인과 또 메소보다미아, 유대와 갑바도기아, 본도와 아시아, 브루기아와 밤빌리아, 애굽과 및 구레네에 가까운 리비야 여러 지방에 사는 사람들과 로마로부터 온 나그네 곧 유대인과 유대교에 들어온 사람들과 그레데인과 아라비아인들이라 우리가 다 우리의 각 언어로 하나님의 큰일을 말함을 듣는도다"(행 2:9-11).

디아스포라 유대인들이 오순절을 축하하기 위해 예루살렘에 모였을 때의 광경은 흡사 열방의 축소판 같았다. 성령이 오셨을 때, 온 세계의 시민이 그리스도의 화해 사역에 관해 자기네 언어로 들을 수 있는(행 2:8) 얼마나 적절한 때인가. 그것은 마치 바벨탑 사건이 뒤집힌 것 같았다. 무슨 설명이 더 필요하겠는가!

오순절의 신기한 사건은 예루살렘에 모인 무리의 마음에 많은 질문을 낳았다. '이게 대체 무슨 의미지?'

이 질문에 시몬 베드로가 굉장한 답을 준다. 베드로는 경청하는 무리에게 그들이 목격하고 있는 것은 사실 눈과 귀 너머에서 발생한 무언가의 증거라고 말해주었다.

이렇게 성령을 부어주심은 예수님이 지금 성부 하나님 곁으로 승천하셔서 교회에 성령을 보내달라고 간구하셨다는 보장이었다. 그분은 진정 아버지 곁에 계시고, 약속을 지키셨다.

"하나님이 오른손으로 예수를 높이시매 그가 약속하신 성령을 아버지께 받아서 너희가 보고 듣는 이것을 부어 주셨느니라 …그런즉 이스라엘 온 집은 확실히 알지니 너희가 십자가에 못 박은 이 예수를 하나님이 주와 그리스도가 되게 하셨느니라"(행 2:33-36).

옛 언약인 시편 2편 7-8절의 약속이 성취되고 있었다.

"너는 내 아들이라 오늘 내가 너를 낳았도다 내게 구하라 내가 이방 나라를 네 유업으로 주리니 네 소유가 땅 끝까지 이르리로다"

예수님이 약속하신 것처럼, 이것은 오직 죄를 깨닫게 하시고 회심케 하시는 성령의 능력을 통해서만 효력이 발생한다(요 16:8-11). 베드로의 설교는 우리가 볼 수 있는 그림을 그린다. 즉 성부 하나님께서 승천하신 성자 하나님께 하시는 말씀을 들을 수 있다. "아들아, 너는 우리가 합의했던 모든 것과 내가 너에게 부탁했던 모든 것을 이루었구나. 나의 왕좌를 함께하자. 성령은 네 것이니, 주어라!"

따라서 승천은 오순절의 전조(前兆)다. 그리고 오순절은 그리스도께서 배신당하시던 그 밤에 다락방에서 하신 약속을 지키셨다는 보장이다. 그분은 승천해 계신 지금도 우리를 잊지 않으셨다.

제자들은 불과 몇 주 전까지 이해하기 어려웠던 것들을 이제 이해할 수 있게 되었다.

그들은 예수님이 그들에게서 너무 멀리 계실까봐 두려웠다. 예수님이 그들을 떠나가시는 것이 어떻게 그들에게 "유익"(요 16:7)이란 말인가. 그런데 지금은 그것을 보기 시작한다. 예수님이 그들을 떠나 승천하셔야만 성령의 위격과 임재로 그들에게 오시고 그들 안에 거하실 수 있었다!

그러므로 우리가 신자라면 그리스도의 영이 우리와 함께 계신다. 우리 안에 거하시며, 그리스도의 것들을 우리에게 알려주시고 우리 가운데 그분의 은사를 나눠주시는 사역을 수행하신다(요 16:14-15).

이것은 바울이 시편 68편 18절을 승천에 적용할 때 말한 요점이다. 새롭게 취임한 군주처럼, 그리스도는 자녀들에게 은사를 나누어주신다. 바울이 기록한 대로, 그분은 마침내 이렇게 하신다.

"이는 성도를 온전하게 하여 봉사의 일을 하게 하며 그리스도의 몸을 세우려 하심이라 우리가 다 하나님의 아들을 믿는 것과 아는 일에 하나가 되어 온전한 사람을 이루어 그리스도의 장성한 분량이 충만한 데까지 이르리니"(엡 4:12-13).

예수님이 승천하셔서 은사를 주시는 성령을 보내주시기 때문에 모든 신자, 모든 성도는 주 예수님의 사역, 곧 그 나라를 세우고 그 통치를 확장하는 사역에 연루되어 있다.[10]

'다시 오심'의 전조

흰 옷을 입은 두 사람의 말을 한 번 더 묵상해보자. 그들은 제자들에게 어찌하여 서서 하늘을 쳐다보느냐고 물었다. 예수님은 그들을 떠나가셨다. 해야 할 일이 있으셨다! 제자들은 이제 다시는 예수님을 보지 못할 거라고 실망하며 쳐다보고 있을 필요가 없었다. 흰 옷을 입은 두 사람은 다음과 같이 말했다.

"너희 가운데서 하늘로 올려지신 이 예수는 하늘로 가심을 본 그대로 오시리라"(행 1:11).

달리 말하면 '떠나심'의 본질은 '다시 오심'의 전조다. 이 구절은 예수님이 더 이상 제자들과 함께 계시지 않는다는 사실 때문에 그들이 꼼짝 못하고 있으면 안 된다는 신호였다. 왜냐하면 성령이 오실 것이기 때문이었다. 또한 이것은 제자들이 남은 생애를 살 때 주님이 약속하신 대로 다시 오시리라는 것을 의식해야 한다는 신호이기도 했다. 즉 그들은 그날을 기다리는 사람들처럼 살아야 한다.

그리스도의 재림은 하나님의 달력에 등장할 위대한 구속의 순간이다. 지금과 그때 사이에 하나님이 하시는 일은 우리의 시선을 땅에 고정시키지 않는다.

예수님의 승천도 우리의 시선을 하늘을 향해 고정시켜야 한다고 가르쳐 준다. '시대의 표적'도 '우리 자신의 생이 끝나는 날'도 아닌 '주님의 미래'를 기다려야 한다.[11] 왜냐하면 앞으로 하나님의 달력에 일어날 위대한 사건은 예수님의 재림이기 때문이다. 즉 우리는 그분께 집중하라고 부름받았다! 또한 그때까지 우리는 다음의 위임령을 받았다.

"그러므로 너희는 가서 모든 민족을 제자로 삼아 아버지와 아들과 성령의 이름으로 세례를 베풀고 내가 너희에게 분부한 모든 것을 가르쳐 지키게 하라 볼지어다 내가 세상 끝날까지 너희와 항상 함께 있으리라 하시니라" (마 28:19-20).

예수님이 그들에게 가르치셨던 모든 것을 다른 사람들에게 가르치는 것은 그들에게 복음을 설교하는 것이다. 또한 모든 시대의 신자들에게 복음을 들고 열방으로 가라는 명령도 포함된다.

여기 우리의 신앙고백이 있다.

- 우리는 예수님이 성령으로 잉태되시어 동정녀 마리아에게서 나셨음을 믿는다.
- 우리는 예수님이 요단강에서 우리의 죄 때문에 세례 받으셨음을 믿는다.
- 우리는 예수님이 베드로, 야고보, 요한 앞에서 변모되셨음을 믿는다.
- 우리는 예수님이 본디오 빌라도에게 고난당하시고, 십자가 형벌을 당

하시고, 죽으시고, 장사되셨음을 믿는다.
- 우리는 예수님이 죽은 자 가운데서 다시 살아나셨음을 믿는다.
- 우리는 예수님이 하늘로 올라가셨고, 성부 하나님의 우편에 앉아 통치하시고, 우리를 위해 중보하고 계심을 믿는다.
- 우리는 예수님이 산 자와 죽은 자를 심판하러 다시 오실 것을 믿는다.

"주께서 호령과 천사장의 소리와 하나님의 나팔 소리로 친히 하늘로부터 강림하시리니
그리스도 안에서 죽은 자들이 먼저 일어나고 그 후에 우리 살아남은 자들도
그들과 함께 구름 속으로 끌어올려 공중에서 주를 영접하게 하시리니
그리하여 우리가 항상 주와 함께 있으리라" **살전 4:16-17**

9. 귀환 — 재림

하늘로부터 오셔서
새 창조를 알리실 이 누구신가?

주님이시다! 오 놀라운 이야기여!
주님이시다! 영광의 왕이시다!
그 발 앞에 겸손히 엎드리네.
왕으로 모시세, 만유의 주를 왕으로 모시세.

살전 4:13-18

형제들아 자는 자들에 관하여는 너희가 알지 못함을 우리가 원하지 아니하노니
이는 소망 없는 다른 이와 같이 슬퍼하지 않게 하려 함이라
우리가 예수께서 죽으셨다가 다시 살아나심을 믿을진대
이와 같이 예수 안에서 자는 자들도 하나님이 그와 함께 데리고 오시리라
우리가 주의 말씀으로 너희에게 이것을 말하노니
주께서 강림하실 때까지 우리 살아남아 있는 자도 자는 자보다 결코 앞서지 못하리라
주께서 호령과 천사장의 소리와 하나님의 나팔 소리로 친히 하늘로부터 강림하시리니
그리스도 안에서 죽은 자들이 먼저 일어나고
그 후에 우리 살아남은 자들도 그들과 함께 구름 속으로 끌어 올려
공중에서 주를 영접하게 하시리니 그리하여 우리가 항상 주와 함께 있으리라
그러므로 이러한 말로 서로 위로하라

이제 예수 그리스도의 '위대한 순간들' 중 마지막이다. 성육신, 세례, 시험, 변모, 결단, 수난, 부활, 승천, 그리고 마지막에 있을 재림이다. 각각은 예수님과 그분의 사역을 계시한다. 또한 그리스도인의 삶에 심오한 의미를 갖는다. 그리스도의 재림도 그렇다. 17세기 목회자인 존 트랩은 이렇게 썼다. "그리스도의 재림에 대한 기대와 갈망이 모든 그리스도인의 소매에 배지처럼 꽂혀 있다."[1]

솔직히 오늘날에도 그런지는 의심스럽다. 17세기에는 여러 가지 이유에서 사실이었던 것 같다. 하지만 여전히 그런가에는 동의하기 어렵다. 재림이라는 사실 자체뿐 아니라 무엇이 재림보다 먼저, 혹은 나중에 일어나는지(혹은 일어나지 않는지)에 관해, 그리고 그 시기에 관해서도 불일치가 있다. 사실 이러한 것은 그리스도인들이 거의 초창기부터 합의하지 못했던 쟁점들이다. 슬프게도 이 모두는 예수 그리스도가 영광스럽게 재림하신다는 중심 주제로부터 주의를 분산시키는 경향이 있다.

이런 상황에서 네덜란드의 위대한 신약학자인 헤르만 리덜보스는 '종말', 곧 '주님의 미래'에 관한 연구서를 냈다.[2]

재림은 그리스도 자신에 관한 것이다. 이 모든 불일치와 논쟁을 고려하여 '종말'을 생각할 때 '처음'으로 되돌아가보는 것이 유익하다. 기초로 돌아가서 근본 원리들을 이해하는 것이다. 그것을 제자리에 놓을 때 비로소 생각의 확장도 안전하다. 그것이 바로 우리의 생각을 그리스도의 재림에 관한 바울의 논의 안에(데살로니가전서에 나타난) 두어야 하는 이유다.

데살로니가교회의 질문

바울이 다룬 데살로니가교회 성도들의 쟁점은 이미 죽은 그리스도인들의 상태였다.

많은 사람이 그리스도의 재림이 자기들이 살아있을 때 일어날 것이라 기대했던 것 같다. 그런 가운에 일부 친한 교인들이 세상을 떠났다. 그러자 그들의 확신에 의심이 생기고 그로 인한 어려움이 야기되었다. 그들의 관심사항은 이러했다. '이미 죽은 사람들은 어떻게 되는 걸까? 재림의 축복을 놓치게 되는 걸까?'

그들은 그리스도의 재림을 확실히 믿고 고대했다. 예수님을 눈으로 직접 보기를 갈망했다.

그렇다면 이미 죽은 신자들은 그리스도의 재림 때 자기 몫의 축복을 잃는 것일까? 살아서 재림을 보지 못하기 때문에?

바울의 답장 상당 부분이 이런 그리스도인들을 안심시키려는 의도로 쓰였다. 이미 죽은 자들도 아직 살아있는 자들이 누리는 재림의 축복을 놓치지 않고 온전히 경험할 것이다. 그리스도의 재림 때 그들은 결코 '2류 시민'으로 남지 않을 것이다. 왜냐하면 (바울의 주장에 의하면) 예수님이 재림하셔서 첫 번째로 하실 일이 이미 죽은 자들을 부활시키는 것이기 때문이다. 그 후에야 비로소 아직 살아있는 자들이 주님을 영접하기 위해 그리스도와 함께 들어 올려질 것이다. 아직 살아있는 신자와 이미 죽은 신자가 모두 동등하게 그 사건을 공유하고 비범한 축복을 경험할 것이다.

성경은 신자가 죽을 때 정확히 무슨 일이 일어나는지 세세하게 설명하지 않는다. 우리는 그저 (요한계시록을 비롯한 몇몇 곳을 통해) 살짝 엿볼 수 있을 뿐이다.

다만 한 가지는 매우 분명하다. 성경은 신자들의 영혼이 죽는 즉시 예수님 곁으로 간다고 가르친다. 그들은 "떠나서" "그리스도와 함께 있는데" 그것이 "훨씬 더 좋다"(빌 1:23). 우리가 사랑했던 그리스도인들이 지금 주 예수님과 함께, 그분의 임재 가운데서, 그분의 영광을 누리고 있다는 것이 얼마나 위로가 되는가!

그러나 소위 '중간 상태'에 관해서는 아직 밝혀지지 않은 것이 많다. 즉 그것은 우리에게 완전히 알려지지 않았다.

죽음은 우리를 제한시킨다. 하나님은 우리를 분리될 수 있는 몸과 영혼, 두 개의 반쪽으로 만드신 게 아니다. 두 영역에서 살도록 하나님의 형상으로 창조하셨다. 하나는 땅이라는 환경을 위해서이고, 또 하나는 주님과의 교제를 위해서다. 사망이 그토록 잔인하게 맹습을 퍼부은 것은 바로 이 통합된 인간(하나님께서 하나로 창조하신 것)이다. 따라서 우리가 사망을 완벽하게 이해할 수 없더라도 그것에 놀라면 안 된다. 어쨌든 죽음은 창조의 모순이다. 다시 말해 죽음은 심오한 의미에서 '존재하지만, 존재해서는 안 되는 것', 즉 근원적인 모순이다.

우리는 육체 없는 삶을 위해 의도된 게 아니며, 만약 우리가 몸이라는 물리적 존재로부터 탈출하기 위해 천국을 고대한다면 성경적인 초점을 잃어버리는 것이다. 우리는 몸으로 존재하기 위해 창조되었다! 그래서 바울은 고린도 교인들에게 우리가 천국을 갈망하는 것은 "벗고자 함이 아니요 오히려 덧입고자 함"이라고 말한다(고후 5:4).

바울이 우리가 일종의 '임시적인 몸'[3]을 받는다고 말하는 게 아니냐고 의심한 사람들이 있었다. 하지만 그것이 사실이든 아니든, 성경은 죽음 이후의 삶을 우리의 최종 상태로 생각하지 말고 최종 상태를 향한 주요 단계로 생각하라고 가르친다. 우리의 최종 상태는 몸의 부활 및 부활한 존재에 적합한 새 하늘과 새 땅의 도래다. 이런 의미에서 그리스도인은 매우 '견고한' 소망을 가졌다!

날짜에 집착하지 마라

아무도 예수님이 재림하실 날짜를 예측할 수 없다. 역사가 진행되는 내내 사람들은 그날을 예측하기 위해 수많은 노력을 기울였다. 때로는 온전한 정신을 가진 그리스도인들조차 그것을 시도했다. 그들의 신실함에 의문을 품을 필요는 없다. 다만 예수님께서 제자들에게 마지막으로 말씀하신 내용은 강조되어야 한다. "때와 시기는 아버지께서 자기의 권한에 두셨으니 너희가 알 바 아니요"(행 1:7).

제자들은 오히려 열방에 증인이 되게 하시는 성령을 받아야 했다. 쉽게 말해 "날짜 맞추는 데 집중하지 말고 그리스도를 선포하는 데 집중하라"는 것이었다.

당신이 부모라면, 자녀를 처음으로 홀로 두었던 순간을 기억할 것이다. 그때까지 아이들은 당신을 끊임없이 설득해왔다. "우리끼리 있으면 안 돼요? 제발요, 얌전히 있을게요. 나쁜 짓도 안 하고요. 저희도 이제 다 컸다고요."

그러던 어느 날 '베이비시터'를 구할 수 없는 상황이 발생했다. 어쩔 수 없이 자녀들만 두고 외출하게 된 당신은 지켜야 할 규칙들을 정해놓았다. 대개는 하지 말라는 것들이고, 주된 규칙은 이러했다. "어떠한 상황에서도

(집에 불이 나는 경우를 제외하고는), 대문에서 무슨 말이 들려도, **아무에게도 문을 열어주지 마라.**" 집을 나서면서 당신은 절대적으로 중요한 이 규칙을 아이들에게 말해주었다.

예수님도 이와 같았다. 예수님이 제자들에게 하신 마지막 말씀은 이러했다. "때와 시기는 너희가 알 바 아니다. **날짜를 정하지 마라!**" 하지만 그때부터 그리스도인들이 해온 일은 주님의 재림을 예측하는 것이었다.

성경은 종말론 십자말풀이를 위해 주어진 게 아니다. 요한계시록조차 **예수 그리스도를 계시**하기 위해 의도된 것이다(계 1:1). 즉 "주의 나타나심을 사모"하라는 것이지(딤후 4:8), 지금 여기에서 그리스도를 섬기라는 우리의 소명을 잊은 채, 그 일이 발생할 날짜에 병적으로 집착하라는 것이 아니다.

당연히 그리스도의 재림 전에 성취되어야 할 예언들이 있다. 많은 신학자들이 유대 민족 가운데서 그리스도께 돌아오는 대규모의 회심이 있을 거라 기대해왔다.

바울은 "온 이스라엘이 구원을 받으리라"고 말한다(롬 11:26). 바울이 역사 속의 특별한 사건을 말하는 것인지, 아니면 하나님의 선택과 자비 안에서 유대인들이 (바울 자신처럼) 복음의 소환에 응답할 것이라고 확언하는 것인지 모르지만, 둘 중 어느 경우라도 그의 말이 그리스도께서 재림하실 날을 정확하게 예측하는 데 도움을 주지는 않는다. 즉 그것은 바울의 가르침의 목적이 아니다.

하지만 비록 재림이 예측 불가능한 사건일지라도 이것이 함축하는, 우리를 위한 의미가 있지 않을까?

우리는 데살로니가 교인들과 신약의 다른 그리스도인들에게 요구되는 바대로 살아야 한다.

바울은 재림이 자기 생전에 일어날 수 있음을 결코 부인하지 않았다. 자기 생을 마무리하며 그는 자기가 그 전에 죽을 것을 알았지만, 그 순간조차 여전히 그의 시선은 그리스도의 재림에 고정되어 있었다(딤후 4:6-8).

한편 우리 주님의 재림에 비추어 볼 때, 우리의 부르심은 "거룩한 행실과 경건"한 삶을 살고, "주 앞에서 점도 없고 흠도 없이 평강 가운데서 나타나기를 힘쓰는" 것이다.

이는 "주를 향하여 이 소망을 가진 자마다 그의 깨끗하심과 같이 자기를 깨끗하게 하기" 때문이다(벧후 3:11, 14; 요일 3:3).

큰 환난, 아마겟돈 전투, 불법의 사람, 혹은 죄의 사람, 혹은 적그리스도의 등장에 관해(계 7:14, 16:16; 살후 2:3; 요일 2:18) 우리가 무엇을 생각하든, 우리는 주 예수님이 언제 재림하실지를 예측할 수 없고 예측하려고 시도해서도 안 된다.

가장 성경적인 우리의 최선은(아마도 많은 이들이 그렇게 살고 있겠지만) 예수님이 우리 생애 중에 다시 오실 수 있다는 가능성을 늘 염두에 두고 사는 것이다.

언젠가 죽음을 경험하지 않을 그리스도인들이 있을 것이다. 그들은 구름 속으로 끌어 올려져 공중에서 주를 영접하게 될 것이고(살전 4:17), 새 하늘과 새 땅에서 새로운 존재로 변화될 것이다.

에녹과 엘리야처럼 그들도 죽음을 자각하지 않을 것이다. 오직 변화만을 경험할 것이다. 우리도 그 세대에 속할 수 있다. 그러므로 우리 모두가 그런 것처럼 살자!

이제부터 살펴볼 위대한 구속 사건은 우리 주 예수 그리스도의 재림이다. 우리는 그분을 믿고, 믿음으로 그분을 바라보고, 기대하며 그분의 재림을 기다린다.

'다시 오심'에 관한 7가지 원리

데살로니가전서에서 바울은 예수님께서 다시 오시는 것에 대한 원리들을 분명하게 정리한다. 그의 편지에 나온 것, 즉 베드로가 "알기 어려운 것"이라고 설명한 것[4]을 이해하려고 애쓰기 전에, 우리가 반드시 제자리에 가져다 놓아야 할 것이 바로 그 원리들이다.

그리스도의 재림과 관련된 7가지 근본 원리는 다음과 같다.

(1) 한 번의 사건

그리스도의 재림은 단 한 번의 사건이다. 두 번 이상 반복되지 않는다. 서로 다른 양상을 가진 여러 사건으로 생각해서도 안 된다.

이렇게 단언하는 것은 상당히 의도적이다. "만약 앞 차의 운전자가 갑자기 사라진다면 '휴거'가 일어난 것입니다."라고 적힌 스티커를 본 적이 있을 것이다. 예수님이 다시 오셨고, 성도들은 사라졌다. 즉 '휴거'[5]된 것이다. 그 결과 자동차와 버스와 열차, 그리고 여객기와 여객선은 도로와 철로를 벗어나고 땅에 추락하고 바다에 가라앉는다. 특히 미국에서는 이와 같은 상황의 두려움이 너무 강력한 나머지, 어떤 항공사들은 예방 차원에서 두 명의 크리스천을 조종석에 앉히지 않는다는 소문도 있다.

이런 견해에서는 언제라도 예수님이 재림하실 수 있지만 '완벽하게' 땅으로 돌아오시지는 않는다. 오히려 재림은 별개의 두 단계로 일어나도록 설계되어 있다. 첫 단계는 예고되지 않는다. 예수님은 성도들을 끌어 올리신다. 휴거는 언제라도 일어날 수 있다. 전조가 없다. 당신이 이 책을 다 읽기 전에 오실 수도 있다. 그리고 오랜 시간이 흐른 뒤 최종적으로 재림하실 것이다.

또한 성경이 만일 예수님이 오시기 전에 반드시 일어나는 일들을 예언한다면, 예수님은 아무 때나 오실 수 없게 된다. 적어도 다음 10초간은 아닌 게 확실하다. 물론 성경은 주님이 재림하시기 전에 반드시 일어날 일들을 말해준다. 예를 들면, 복음이 온 세상에 전파되어야 한다(마 24:14).

종종 예수님이 이 구절에서 생각하신 '복음'은 "이 천국 복음"(마 24:14)이었고, 이것은 현재의 구원의 복음과 전혀 다른 메시지라고 주장되기도 한다. 그러나 유감스럽게도 우리는 이 주장에 반대해야 한다. 비록 아직 완성되지 않았지만 (그래서 우리는 "나라가 임하시오며"라고 계속 기도해야 하지만)[6] 예수 그리스도 안에 천국이 이미 도래했다는 것이 복음의 메시지다. 그리스도인들은 지금 여기에서 이미 천국 시민이다. "이 천국 복음"이 바로 존재하는 유일한 복음이다.

그렇지 않으면 우리 주님의 산상수훈(마 5:1-7:29)은 (어이없게도 일부 그리스도인들은 믿기를 꺼렸다) 첫 청중에게도 온전히 적용할 수 없고, 현대 그리스도인들과도 완벽히 연결 지을 수 없다. 따라서 '복음'과 '이 천국 복음'의 내용을 구별하는 행위는 성경의 세밀한 추궁을 버텨내지 못할 것이다.

복음은 예수님의 재림 전에 온 세상에 선포되어야 한다. 어떤 의미에서 대위임령(마 28:18-20)은 반드시 성취될 것이다. 예수님의 구속이 완성될 때 "각 족속과 방언과 백성과 나라"(계 5:9)에 신자들이 있을 것이기 때문이다. 그렇게 될 때, 어쩌면 예수님은 우리 생애 중에 재림하실 수도 있다. 하지만 '언제라도 재림하신다'는 개념과 '언제라도 휴거된다'는 개념은 분명 다르다. 이에 대한 복음주의의 영향을 추적해보면 대략 19세기쯤으로 여겨지며, 이 관점이 '표적 보기'와 결합될 때(불행히도 그래왔다) 더욱 안타까운 일들이 벌어졌다.

과거 우리는 설교자들이 요한계시록 9장 3, 7절의 메뚜기(locusts, 개역개정에는 "황충"으로 번역되어 있음)를 러시아의 헬리콥터로 둔갑시키는 설교를 듣곤 했다(심지어 그런 생각을 입증하기 위해 사악해 보이는 메뚜기 모양의 헬리콥터 그림을 활용했다). 또한 과학기술의 발전은 짐승의 표로 가는 디딤돌로 간주되었다.[7] 최근에는 더 많은 사람이 적그리스도로 재확인되었다. 하지만 이것은 기독교 사역의 목표가 아니다. 기독교 사역은 '순수한 마음과 선한 양심과 신실한 믿음에서 비롯된 사랑'에 그 목표를 둔다. 바울은 "사람들이 이에서 벗어나 헛된 말에 빠졌다"고 기록한다(딤전 1:6). 안타깝게도 참된 성경적 기독교를 분별하려는 시도가 너무도 자주 실패한다. 그리고 그것의 부재로 인해 그리스도에 대한 믿음과 사랑이 더욱 눈에 띈다.

그리스도의 재림은

일회적인 하나님의 사건이다.
그것을 향해 온 피조물이 움직인다.[8]

예수님께서 오실 때, 마지막 말씀이 선포될 것이다.

(2) 승리의 사건

예수님은 개선식과 함께 재림하실 것이다. 구름을 타고 하늘로 올라가셨을 때와 비슷한 방법으로 다시 오실 것이다. 그분은 **호령**과 함께 하늘로부터 강림하실 것이다(살전 4:16). 바울이 사용한 단어 **켈레우스마**(keleusma)는 선장이 배 위에서 노 젓는 무리에게 명령할 때나 기수가 마차를 전진시킬 때 사용되었다. 즉 이것은 권위를 드러낸다.

우리 주님의 초림은 비하와 겸손을 지니셨다. 동정녀의 태중에 오셨고 구유 속 아기로 오셨다. 그분에게서 이사야의 예언이 성취되었다.

"그는 외치지 아니하며 목소리를 높이지 아니하며 그 소리를 거리에 들리게 하지 아니하며"(사 42:2; 마 12:18-21).

"그가 곤욕을 당하여 괴로울 때에도 그의 입을 열지 아니하였음이여 마치 도수장으로 끌려가는 어린 양과 털 깎는 자 앞에서 잠잠한 양같이 그의 입을 열지 아니하였도다"(사 53:7).

하지만 재림 때에는 하늘의 주님으로서, 만물의 주인이자 지휘관으로서 영광스런 위엄 가운데 오실 것이다. "하늘과 땅의 모든 권세"(마 28:18)가 오직 그분께만 속한다는 사실이 명백해질 것이다.

훗날 바울은 데살로니가 교인들에게 주님의 날이 오기 전에 한 인물이 나타날 것이며, 그 사람은 "불법의 사람", 혹은 "불법한 자"라고 말했다(살후 2:3, 8, 9).

그가 보여준 모든 반항으로 인해 그리스도께서 그를 바람 앞의 나뭇잎처럼 불어버리실 것이다. 그 입의 기운으로 그를 죽이시고 강림하여 나타나심으로 폐하실 것이다(살후 2:8).

지금은 그의 영향력이 "사탄의 활동을 따라 모든 능력과 표적과 거짓 기적과 불의와 모든 속임으로" 끼쳐지지만, 그리스도의 재림 때에는 철저히 몰락할 것이다.

예수님이 오셔서 최후 승리를 선포하시고, 자기 백성을 모두 불러 모으시고, 그들이 함께 거할 새 하늘과 새 땅으로 안내하실 것이다.

예수님의 모든 명령은 효력이 있는데, 이는 그분의 백성이 '구원을 받아 다시는 죄를 짓지 않을 것'이기 때문이다.[9]

그날은 얼마나 아름다울까!

(3) 들을 수 있다

그리스도의 재림은 침묵 속에서 일어나지 않을 것이다. 소리가 공중을 채울 것이다. 모든 것이 은밀하게 전해지지 않을 것이다. 널리 공표될 것이다. "나팔 소리가 나매"(고전 15:52).

오케스트라의 규모가 어떠하든 트럼펫의 연주 소리는 (100여 명의 오케스트라에서조차) 언제나 높이 꿰뚫는 음색으로 도드라진다. 헨델의 **메시아**(Messiah)와 '나팔이 울리리라'(The trumpet shall sound)를 생각해보라.

바울은 놀랄 만한 방식으로 이것을 묘사한다. 바로 "마지막 나팔"이다.

성경에서 나팔 소리는 하나님의 시내산 강림, '나팔절'(유대교의 신년절 – 역주)의 공표, 희년의 선포 등 다양한 상황에서 울린다. 희년은 100년에 두 번씩 돌아오는 경이로운 해로, 이때 모든 부채와 종살이가 끝난다(출 19:19, 23:23; 레 23:23-4, 25:8-55). 예언서에서는 임박한 심판을 경고하거나(렘 51:27), 만방에서 하나님의 백성을 불러 모으거나(사 27:13), 주님의 오심을 선포할 때 사용되었다(슥 9:14).

또한 나팔 소리는 전쟁의 시작을 알리는 도구이기도 했다. 이를테면 로마 군대의 전쟁 관례는 세 번의 나팔 소리와 관련이 있다. 마지막 나팔이 울리면 지휘관 옆에 배치된 전령이 군인들에게 "준비 되었는가?"라고 큰 소리로 외쳤다. 그러면 군인들은 이미 정해져 있는 답을 외쳤다. "준비되었습니다!"

특히 "마지막 나팔"은 책의 마지막 페이지에 등장하는 말('끝')처럼 우주적 조명탄의 역할을 한다. 그러면 그리스도의 통치를 예언한 모든 예언이 성취될 것이다. 나팔 소리는 영광의 주님이 가져오실 영원한 기쁨의 시작을 선포할 것이다. 진실로, 온전히, 그리고 시각적으로.

태양이 있는 곳마다 예수님이 통치하신다.

그분의 여정이 성공적으로 이어진다.

그분의 나라는 땅끝에서 땅끝까지 이른다.

더 이상 달의 차고 이지러짐이 없을 때까지 그러하리라.

마지막으로 바울의 놀라운 증언이 성취될 것이다. "죄가 더한 곳에 은혜가 더욱 넘쳤나니"(롬 5:20).

그분이 치유의 능력을 드러내신 곳에는 더 이상 사망과 저주가 없다.

아담의 종족은 그분 안에서 자랑한다.

그들의 아비가 잃은 것보다 더 많은 축복을.[10]

(4) 인간의 모습으로

성경이 재림을 말하는 곳마다 그 초점은 주 예수님께 있다. 전면과 중심에 있는 것 모두 "주의 나타나심"(딤후 4:8)이다. '영적인 재림'이 아니다. '제자들의 마음에 살아있는 예수님의 영'이라는 애매한 개념도 아니다. 오실 그분은 올라가신 그대로의 사람이시다. "너희 가운데서 하늘로 올려지신 이 예수는 **하늘로 가심을 본 그대로 오시리라**"(행 1:11). 바울은 데살로니가 교인들에게 편지하면서 이 사실을 명료하게 확증한다. "주께서… **친히** 하늘로부터 강림하시리니"(살전 4:16).

앞에서 이미 예수님의 재림은 초림과 확연히 대조될 것임을 강조했다. 사실 예수님의 초림은 거의 알려지지 않았다. 마리아와 요셉, 엘리자베스와 스가랴, 베들레헴의 몇몇 목자, 동방에서 온 박사들, 성전의 시므온과 안나에게만 알려졌다. 이른바 '육신의 베일에 가려진' 암행이었다.

그분은 겸손하게 오셨고, 상대적으로 가난하셨고, 수치와 치욕의 자리로 내려가셨다. 그분의 탄생은 목자들과 동방의 박사들에게만 알려졌고, 그분의 비보(悲報)는 그가 처형되신 로마의 사형대에만 붙여졌다. 화려한 제복을 입은 전령이 공포하는 일 같은 건 전혀 없었다. 천사들이 그분으로 인해 하나님을 찬양했지만 사회의 버려진 구성원들(들에서 양치는 목자들)만이 그 소리를 들었다.

"그는 주 앞에서 자라나기를 연한 순 같고 마른 땅에서 나온 뿌리 같아서 고운 모양도 없고 풍채도 없은즉 우리가 보기에 흠모할 만한 아름다운 것이 없도다 그는 멸시를 받아 사람들에게 버림받았으며 간고를 많이 겪었으며 질고를 아는 자라 마치 사람들이 그에게서 얼굴을 가리는 것같이 멸시를 당하였고 우리도 그를 귀히 여기지 아니하였도다"(사 53:2-3).

그러나 예수님이 재림하실 때는 이와 확연히 다를 것이다. 그때는 베일에 싸여 있던 것이 철저하게 드러날 것이다. 변화산에서 부분적으로 드리워 있던 커튼이 완벽하게 제거될 것이다. 아버지의 천사들과 더불어 영광 중에 오실 때 "예수께서", "주께서" 친히 그 모든 위엄 가운데 있는 그대로 보이고 알려지실 것이다. 성육신하시고, 십자가에서 죽으시고, 장사되시고, 부활하시고, 승천하시고, 지금은 다스리시는 성부의 영원하신 아들이자 영원토록 성육신하신 신인(神人)이신 그분이 영광 중에 오셔서 통치하실 것이다.

이러한 까닭에 그리스도인들은 늘 있는 그대로 그분을 뵙기 원했다. 그 날에 우리는 반드시 보게 될 것이다.

(5) 볼 수 있다

'은밀한 휴거', 혹은 '2단계 재림' 따위의 관점들은 역사 속에서 끊임없이 보급되어 왔다.

알다시피 '여호와의 증인'들은 과거에(1914년) 예수님이 보이지 않게 오셨다고 주장했다. 그런 식의 관점이 모두 틀렸다는 것을 보여주는 매우 분명하고 단순하고 결정적인 이유가 신약성경에 있다. 바로 그리스도의 재림을 묘사할 때 사용한 단어들이다. 그것은 '나타나심'을 뜻하는 **'에피파네이아'**(epiphaneia), '계시'의 **'아포칼룹시스'**(apokalupsis), '오심'을 의미하는 **'파루시아'**(parousia)다. 이 용어들은 모두 가시성(可視性)을 시사한다. 특히 요한계시록에 극명하게 진술되어 있다. "볼지어다 그가 구름을 타고 오시리라 각 사람의 눈이 그를 보겠고 그를 찌른 자들도 볼 것이요 땅에 있는 모든 족속이 그로 말미암아 애곡하리니"(계 1:7).[11]

많은 사람이 이렇게 묻는다. "그게 어떻게 가능하죠?"

사실 우리는 알 수 없다. 하지만 우리가 살고 있는 우주의 복잡하고 진기한 특성을 알게 될수록 우리의 상상력을 초월하는 불가사의들이 있다는 걸 인정할 수밖에 없다. 우리의 사색 능력에는 한계가 있다. 게다가 사색하려고 노력하면 할수록 우리는 그 사건에서 누구의 대답이 가장 최선이고 안전하냐는 질문에 현혹될 위험이 크다.

의심할 바 없이, 이 위대한 변화가 일어날 때 그 답을 알게 될 것이다. 다만 우리는 아무도 그것을 놓치지 않을 것이라 확신한다. 그들이 누구든, 어디에 있든 말이다. 또한 오시는 분의 정체성에 관해 그 누구도 의심하지 않을 것이다. 이 위대한 가시적 사건에서 모든 눈이 그분을 볼 것이다. 우주의 창조는 새벽 별들이 기뻐하며 노래하게 만들고, 하나님의 아들들이 다 기뻐하며 소리를 지르게 만들었기 때문이다(욥 38:7).

(6) 변화

또한 그리스도의 재림은 변형을 야기할 것이다. '변형'이라는 단어는 마태와 마가가 변화산에서의 예수님의 변모를 묘사할 때 사용된 동사에 나온다.[12] 최종적으로 베일이 벗겨지고 그리스도께서 변화된 영광 중에 나타나실 때, '그리스도 안에' 있는 자들 역시 그분과 같은 형상으로 변화될 것이다.[13] 그분의 바라보심으로 말미암아 그분의 형상이 백성들 안에 뚜렷해질 것이다.

이 변화는 이미 그리스도인 안에 시작되었지만, 지금까지는 대체로 감추어진 방식이었다. 때문에 요한은 세상이 아직 누가 진짜 그리스도인인지 식별하지 못한다고 말한다. 그렇다. 우리는 이미 하나님의 자녀요 그리스도와 함께한 상속자이지만 "장래에 어떻게 될지는 아직 나타나지 아니하였다." 그럼에도 우리는 안다. "그가 나타나시면 우리가 그와 같을 것이다"(요일 3:1-2).

바울도 동의한다.

"형제들아 내가 이것을 말하노니 혈과 육은 하나님의 나라를 이어 받을 수 없고 또한 썩는 것은 썩지 아니하는 것을 유업으로 받지 못하느니라 보라 내가 너희에게 비밀을 말하노니 우리가 다 잠잘(죽을) 것이 아니요 마지막 나팔에 순식간에 홀연히 다 변화되리니 나팔 소리가 나매 죽은 자들이 썩지 아니할 것으로 다시 살아나고 우리도 변화되리라"(고전 15:50-52).

나중에 바울은 이 모든 것을 다른 교회에 자세히 설명할 것이다. 하지만 근본 원리에 대한 그의 설명에 이미 모든 것이 요약되어 있다.

"우리가 예수께서 죽으셨다가 다시 살아나심을 믿을진대 이와 같이 예수 안에서 자는 자들도 하나님이 그와 함께 데리고 오시리라… 그 후에 우리 살아남은 자들도 그들과 함께 구름 속으로 끌어 올려 공중에서 주를 영접하게 하시리니 그리하여 우리가 항상 주와 함께 있으리라"(살전 4:14, 17).

그리스도 안에서 이미 죽은, 사랑하는 이들에 관해 얼마나 놀랍게 말하는지에 주목하라. 그들은 "잠잔다." 바울은 신자가 죽을 때 소위 '영혼 수면'이라고 불리는, 의식이 없는 상태로 들어간다고 말하지 않는다. 오히려 (순례의 마지막 단계가 아무리 어렵고 고통스러울지라도) 신자의 죽음은 베개에 머리를 대고 잠드는 것(falling asleep)과 같다. 혹은 바울이 전하려 했던 모든 의미를 표현하려 애써본다면, 의식이 있는 채 예수님의 임재 안으로 빠져드는 것(falling awake)이다. 신자에게는 죽음의 과정이 시험, 아픈 시련, 천성을 향해 가는 여정일지 모른다. 하지만 그리스도께서 사망의 쏘는 것을 가져가셨다(고전 15:55-56). 따라서 이제 죽음 자체가 생명으로 인도하는 문으로 변화되었다. 즉 우리는 몸에 대해 잠들지만, 영혼에 대해서는 그리스도의 임재로 들어간다.

바울이 말하듯, 우리의 몸은 "잠든다." 그리고 부활 때까지 무덤에서 쉰다. 하지만 잠들기만 하는 것은 아니다. 그리스도인들은 그리스도의 부활에 의해 암호가 풀린 비밀을 공유한다.

그리스도는 우리의 몸을 깨우실 것이다. 또한 그분의 재림으로 우리의 몸을 **소생**시키실 뿐 아니라 **부활**시키시고 변화시키실 것이다. 몸이 얼마나 분해되어 있든, 그리스도는 우리의 낮은 몸을 다시 살리셔서 그분의 영광스러운 몸과 같이 되게 하실 것이다(빌 3:21).

우리는 예수님의 십자가형과 부활에서 이 미래를 엿보았다. 마태는 그

궁극적인 의미에 대해 수수께끼 같은 설명을 제공한다. 예수님의 죽음과 부활을 통해 우주적 특성을 가진 일련의 사건들이 발생했다.

"예수께서 다시 크게 소리 지르시고 영혼이 떠나시니라 이에 성소 휘장이 위로부터 아래까지 찢어져 둘이 되고 땅이 진동하며 바위가 터지고 무덤들이 열리며 자던 성도의 몸이 많이 일어나되 예수의 부활 후에 그들이 무덤에서 나와서 거룩한 성에 들어가 많은 사람에게 보이니라"(마 27:50-53).

이것이 무엇을 의미할까? 마태는 지금 그리스도의 죽음과 부활이 고립된 사건이 아니라고 말해주는 것 같다. 신약의 다른 곳에서 예수님은 우리 구원의 **아르케고스**(archēgos)[14]로 불린다. 즉 처음으로 길을 만들고 그렇게 함으로써 다른 사람들이 따라올 수 있는 길을 여는 사람이라는 뜻이다. 바울은 다음과 같이 말한다.

"우리가 예수께서 죽으셨다가 다시 살아나심을 믿을진대 이와 같이 예수 안에서 자는 자들도 하나님이 그와 함께 데리고 오시리라"(살전 4:14).

마태가 묘사하는 것은 앞으로 올 사건의 맛보기, 즉 '예고편'이었다. 이와 더불어 바울의 논리에 주목하라. 바울은 전제("예수께서 죽으셨다가 다시 살아나심")부터 결론("예수 안에서 자는 자들도 하나님이 그와 함께 데리고 오시리라")까지 논의를 전개한다. 신자들에게 일어날 일은 예수님께 발생한 일 이후가 아니라 그 일 때문에 발생할 것이다. 예수님이 부활하셨기 때문에, 그분께 속한 모든 이의 부활이 불가피해졌다. 그분은 "내가 살아 있기 때문에, 너희도 살아 있겠음이라"라는 약속을 지키실 것이다. 그분은 마지막 추수를 보장해주시는 첫 열매이시다(요 14:19; 고전 15:20, 23).

바울에게 예수 그리스도는 둘째 사람이자 마지막 아담이시다. 우리 모두 아담과 연합됨으로 말미암아 죄와 사망을 소유하게 되었던 것처럼, 부활의 삶과 영광의 변형도 믿음을 통해 우리 것이 될 것이다. 이제 우리는 부활하신 그리스도와 연합되어 있기 때문이다.

그날은 얼마나 아름다울까! 주님의 재림 전에 죽으면, 사랑하는 사람들과 우리(그리스도를 섬기고 사랑하고 경배했던 우리)는 다시 부활하여 그리스도와 함께 있을 것이며 새 하늘과 새 땅으로 들어갈 것이다. 물론 예수님의 재림 때까지 죽지 않을 사람들도 있을 것이다. 하지만 그들 역시 변화될 것이고, 우리 모두는 동일한 현실을 함께 공유할 것이다.

역사 속에서 다른 날짜, 다른 시대의 사람들이 각각 믿음으로 인도되어, 모두 같은 날 같은 시각에 변화되어 영화로워진다니, 이 얼마나 경이로운가! 남겨지는 그리스도인은 하나도 없을 것이다. 누구도 일찍 도착할 수 없고, 누구도 늦지 않을 것이다. "우리가 다 잠잘 것이 아니요 마지막 나팔에 순식간에 홀연히 다 변화되리니"(고전 15:51).

"순식간에"가 어느 정도인지 정확히 알 수는 없지만, 아마도 그리스도께서 이 세상에서 죄와 저주, 고통과 허물, 질병과 사망, 신음과 눈물을 제거하시는 만큼 길게(혹은 짧게!) 걸릴 것이다. 에덴이 회복될 것이다. 아니, 회복 이상으로 완성되어 절정에 이르고 영광스럽게 변형될 것이다.

요한계시록은 이렇게 그린다.

"또 그가 수정같이 맑은 생명수의 강을 내게 보이니 하나님과 및 어린 양의 보좌로부터 나와서 길 가운데로 흐르더라 강 좌우에 생명나무가 있어

열두 가지 열매를 맺되 달마다 그 열매를 맺고 그 나무 잎사귀들은 만국을 치료하기 위하여 있더라 다시 저주가 없으며 하나님과 그 어린 양의 보좌가 그 가운데에 있으리니 그의 종들이 그를 섬기며 그의 얼굴을 볼 터이요 그의 이름도 그들의 이마에 있으리라 다시 밤이 없겠고 등불과 햇빛이 쓸 데 없으니 이는 주 하나님이 그들에게 비치심이라 그들이 세세토록 왕 노릇 하리로다"(계 22:1-5).

이것이 바로 우리 주 예수 그리스도의 재림이 기쁨인 이유다.

(7) 기쁨

바울은 어려움에 처한 데살로니가 교인들의 마음에 기쁨을 불어넣기 원했다. 비록 짧은 기간밖에 돌보지 못했지만(행 17:1-10), 바울은 그들에게서 실제적인 목회적 필요를 보았다. 사랑하는 이들의 죽음은 큰 슬픔을 가져온다. 사망은 "맨 나중에 멸망받을 원수"다(고전 15:26). 오늘날에도 사망은 그 파괴적인 방식을 지속하고 있고, 그리스도 안에서 사랑했던(그리고 계속 사랑하고 있는) 이들과의 고통스런 이별을 가져온다(하지만 우리는 이것 역시 복음의 축복임을 알고 있다).

그들을 위해 바울은 심오한 위로의 말을 한다. 그들이 바울의 말을 이해한다면, 그들도 "이러한 말로 서로 위로"할 수 있을 것이다(살전 4:18).

우리가 이미 맛본 기쁨은 그리스도의 임재 안에서 영원히 우리 것이 된다. 영국의 위대한 시인 윌리엄 카우퍼에게 귀 기울여보라.

죽어가는 어린양이여,
속죄함 받은 하나님의 모든 교회가 구원을 받아 다시는 죄를 짓지 않을

때까지

당신이 흘리신 보혈의 능력은 결코 힘을 잃지 않을 것입니다.
이 못나고 부족한 말더듬이 혀가 무덤에서 침묵할 그때,
고귀하고 달콤한 노래로 나는 당신의 구원의 능력을 찬양할 것입니다.[15]

카우퍼는 우울증으로 깊이 고통당했고 몇 차례나 자기 생을 끝내려고 시도했다. 인간적으로 말하면 그는 존 뉴턴과의 우정 덕분에 생명을 보존했다. 지혜로운 존 뉴턴은 그에게 할 일을 주었다. 바로 그와 함께 찬송가를 만드는 일이었다![16]

하지만 엄밀히 말해(이 시를 포함한 카우퍼의 찬송시를 사랑하지만) 이 시에는 복음에 대한 온전한 소망이 부족한 구절이 있다("이 못나고 부족한 말더듬이 혀가 무덤에서 침묵할 그때"). 어쩌면 카우퍼의 고통받는 마음이 그것을 받아들이지 못했을 수 있다. 18세기 기독교가 그를 돕지 못했을 수도 있다.

복음은 우리에게 천국에서 죄와 질병으로부터 자유할 것을 약속할 뿐 아니라 새로운 부활의 삶도 약속한다. 영혼이 죄로부터 자유할 뿐 아니라 몸과 뇌와 마음도 타락과 죄의 결과로부터 자유하다. 카우퍼와 고통받는 모든 신자를 기다리고 있는 것이 바로 이것이다.

이것이 조금이나마 우리 마음속에 영구적인 참기쁨을 심어주지 않을까? 훗날 우리가 온전히 맛보게 될 기쁨은 과연 어떠할까?

이 세상은 우리의 궁극적인 본향이 아니다. 우리는 마치 이곳이 본향인 듯 착각하며 살 때가 너무 많지만 이 세상에서 우리는 순례자요 나그네다.

"그러나 우리의 시민권은 하늘에 있는지라 거기로부터 구원하는 자 곧 주 예수 그리스도를 기다리노니 그는 만물을 자기에게 복종하게 하실 수 있

는 자의 역사로 우리의 낮은 몸을 자기 영광의 몸의 형체와 같이 변하게 하시리라"(빌 3:20-21).

이렇듯 우리는 "여기에 영구한 도성이 없으므로 장차 올 것을 찾는다." 아브라함처럼 "하나님이 계획하시고 지으실 터가 있는 성을 바라기" 때문이다(히 13:14, 11:10).

이 관점으로 신약성경을 읽으면 주님의 재림이 얼마나 중요한지, 그것이 크리스천의 삶 전체를 어떻게 결정하는지가 비로소 이해되기 시작한다. 하지만 이 관점을 유지하려면 도움이 필요하다. 하나님께서 그것을 아신다. 때문에 주님의 재림은 신약성경에서만 강조되지 않는다.

우리는 성찬이라는 선물에서도 주님의 재림을 떠올린다. 또한 성찬은 갈보리와 그리스도의 죽음을 회상한다.

"이 잔은 내 피로 세운 새 언약이니 이것을 행하여 마실 때마다 나를 기념하라"(고전 11:25).

또한 그리스도는 지금도 우리와 교제하신다.

"우리가 축복하는 바 축복의 잔은 그리스도의 피에 참여함이 아니며 우리가 떼는 떡은 그리스도의 몸에 참여함이 아니냐"(고전 10:16).[17]

우리는 그분께 문을 열었다. 그래서 그분이 오셔서 우리와 더불어 먹고 우리는 그분과 더불어 먹는다(계 3:20). 과거에 뿌리내린 용서는 현재에 경험하는 교제와 짝을 이룬다.

그런데 성찬에는 이보다 더 깊은 차원이 있다.

"너희가 이 떡을 먹으며 이 잔을 마실 때마다 주의 죽으심을 **그가 오실 때까지 전하는 것이니라**"(고전 11:26).

성찬은 축소판 드라마다. 성찬을 기념하며 우리는 그것이 우리에게 가져다주는 모든 축복을 누린다. 그리스도의 자비를 즐기고, 특권을 누린다. 우리는 모두 가족이다. 우리는 성찬의 자리에 머물며, 성찬이 영원히 지속되기를 바란다. 하지만 성찬에 참여할 때마다 우리가 되새길 것은 이것이 '예행연습'이라는 사실이다. 언젠가 우리 주님이 재림하시고, 우리가 그분과 더불어 어린양의 혼인잔치에 참여할 날이 올 것이다.

성찬에 참여할 때마다 우리의 영안은 깨끗해지고 우리의 비전은 선명해진다. 우리는 더욱 분명하게 갈보리를 본다. 그리스도께서 위엄과 영광 중에 재림하실 그날을 위해 우리는 예행연습을 하는 것이다.

또한 언젠가 우리는 새 하늘과 새 땅에 앉을 것이다. 신약성경이 우리에게 주는 그림을 살펴보자(실제로 우리가 상상하는 것보다 훨씬 더 위대할 것이다).

예수님이 탁자 한쪽 상석에 자리를 잡으실 것이다. 자리에 앉으신 다음 음식에 손을 뻗으실 것이다. 우리의 모든 질문에 답해주시고, 모든 미스터리가 풀릴 것이며, 모든 불분명한 것들이 확실해질 것이다. 모든 걸 받아들일 수 없어 흘려야 했던 눈물이 있었다면, 예수님께서 그 모든 눈물을 닦아주실 것이다.

이것이 바로 우리가 그분의 재림을 고대하는 이유다. 우리 구주 "예수 그리스도는 어제나 오늘이나 영원토록 동일"하시다(히 13:8).

예수님은 "어제"와 동일하시다. 베들레헴에 오셔서 요단강에서 세례를 받으시고, 변화산에서 변모되시고, 갈보리의 십자가에서 죽으시고, 죽음 때문에 무덤에서 꼼짝 없이 누워계시다가 다시 살아나셔서 승전식과 함께 승천하신 바로 그분이다.

또한 예수님은 "오늘"과 동일하시다. 그분은 위엄 중에 통치하신다.

그리고 "내일"과 동일하실 것이다. 영광 중에 오셔서 역사를 완성시키시고, 영원토록 우리와 함께 계실 것이다.

이 동일하신 예수님이 다시 오실 것이다. 그분의 재림은 우리의 구원의 달력에서 앞으로 이루어질 중대한 사건이다. 그러므로 당신의 시선을 그분께 고정시키고 결코 딴 데로 돌리지 말라. 그리고 그분의 재림을 구하며 기대하라. 아니, 더 좋은 방법이 있다.

그분을 구하고 그분을 기대하며 살라.

익투스

저 마구간에 계신 이 누구신가?
누구의 발 앞에 목자들이 엎드렸는가?

주님이시다! 오 놀라운 이야기여!
주님이시다! 영광의 왕이시다!
그 발 앞에 겸손히 엎드리네.
왕으로 모시세, 만유의 주를 왕으로 모시세.

요단강에 계신 이 누구신가?
마치 죄인처럼 우리 자리를 대신하신 그분은 누구신가?

주님이시다! 오 놀라운 이야기여!
주님이시다! 영광의 왕이시다!
그 발 앞에 겸손히 엎드리네.
왕으로 모시세, 만유의 주를 왕으로 모시세.

광야에서 금식하며

깊은 고통 중에 계신 이 누구신가?

주님이시다! 오 놀라운 이야기여!

주님이시다! 영광의 왕이시다!

그 발 앞에 겸손히 엎드리네.

왕으로 모시세, 만유의 주를 왕으로 모시세.

오르셨던 그 산 꼭대기에서

그 옷이 빛나고 있는 이 누구신가?

주님이시다! 오 놀라운 이야기여!

주님이시다! 영광의 왕이시다!

그 발 앞에 겸손히 엎드리네.

왕으로 모시세, 만유의 주를 왕으로 모시세.

보라! 한밤중에 어두운 겟세마네에서
기도하는 이 누구신가?

주님이시다! 오 놀라운 이야기여!
주님이시다! 영광의 왕이시다!
그 발 앞에 겸손히 엎드리네.
왕으로 모시세, 만유의 주를 왕으로 모시세.

나무에 달려
슬픔과 고뇌 가운데 죽으신 이 누구신가?

주님이시다! 오 놀라운 이야기여!
주님이시다! 영광의 왕이시다!
그 발 앞에 겸손히 엎드리네.
왕으로 모시세, 만유의 주를 왕으로 모시세.

무덤에서 나오셔서
치유하고 돕고 구원하시는 이 누구신가?

주님이시다! 오 놀라운 이야기여!
주님이시다! 영광의 왕이시다!
그 발 앞에 겸손히 엎드리네.
왕으로 모시세, 만유의 주를 왕으로 모시세.

보좌에서

빛의 세상을 다스리는 이 누구신가?

주님이시다! 오 놀라운 이야기여!
주님이시다! 영광의 왕이시다!
그 발 앞에 겸손히 엎드리네.
왕으로 모시세, 만유의 주를 왕으로 모시세.

하늘로부터 오셔서
새 창조를 알리실 이 누구신가?

주님이시다! 오 놀라운 이야기여!
주님이시다! 영광의 왕이시다!
그 발 앞에 겸손히 엎드리네.
왕으로 모시세, 만유의 주를 왕으로 모시세.

* 벤저민 러셀 핸비(Benjamin Russell Hanby, 1833-1867)의 원작을 바탕으로 바꾸고 추가했음.

주

시작하는 글

1) 익투스는 예수님의 생애와 사역에 대해 전부 다 말해주진 않는다. 하지만 클라이맥스에 집중한 이 책이 예수님의 사역 전체를 그 적절한 맥락 속에 배치해 주기를 소망한다.

1. 구유 – 성육신

1) 독자들이 익투스의 각 장 앞에 나오는 성경 본문과 몇 분간 친숙해지는 시간을 가지면 도움이 될 것이다. 이 본문은 그리스도의 생애에 일어났던 각 사건들 중에서 그 장의 바탕이 되는 사건에 대한 신약성경의 기사다.
2) 존 칼빈, *사도 요한이 전해준 복음*, T. H. L. 파커 역, D. W. 토랜스와 T. F. 토랜스 편집(Edinburgh: Oliver and Boyd, 1959), vol. I, 6쪽.
3) 에드워드 페로넷(1726-92)의 찬송시 "주 예수 이름 높이어"에서 발췌. 페로넷의 마지막 가사는 "높으신 신성(神性) 가운데 계신 하나님께 영광! 깊으신 인성(人性) 가운데 계신 하나님께 영광! 그의 모든 충만 가운데 계신 하나님께 영광! 그분의 손 안에 내 영혼을 위탁합니다."였다.
4) 창 1:3, 6, 9, 11, 14, 20, 24, 26 참고.
5) *The New World Translation of the Holy Scriptures*(2013년 개정판)(신세계역. 여호와의 증인에서 사용하는 성경 번역본이다—역주)는 요 1:1을 다음과 같이 번역한다. "태초에 말씀이 계셨다. 그 말씀은 하나님과 함께 계셨다. 그 말씀은 신(*a god*)이셨다"(이탤릭체는 추가된 것임). 각주에는 '혹은 "신(divine)이셨다"'라고 쓰여 있다.
6) 정확한 문법 용어로는 '무관사'다. 즉 명사 앞에 정관사가 없는 경우다.
7) 요 10:30-38 참고.
8) 요 20:28. 요한복음은 프롤로그(요 1:1-18)와 에필로그(요 21:1-25)를 가진 구조다. 그러므로 중심 내러티브는 1:19에서 20:31까지다. 이 문맥 속에서 도마의 신앙고백은 요한복음 전체의 클라이맥스다. 마치 요한이 "내가 예수님에 관해 프롤로그에서 말하고 이 복음서에서 줄곧 확장해갔던 모든 것이 이제 도마의 신앙고백에서 결실을 맺는다! 정녕 내가 이 복음서를 쓴 목적은 예수님을 보지 못했던 사람들이 믿게 되는 것이다. 예수님께서 직접 약속하셨다. '보지 못하고 믿는 자들은 복되다.'"

9) B. F. 웨스트코스, 요한이 전해준 복음 (*The Speaker's Commentary*의 일부, 1881; repr. Grand Rapids, MI: Wm B. Eerdmans, 1951), 3쪽. "말씀의 본성을 설명하면서 그분의 위격을 밝히지 않는 한, …반드시 정관사가 없어야 한다. '말씀이 호 데오스(그 하나님)이셨다.'라고 말한다면 순전히 사벨리우스주의가 된다. 사벨리우스주의(사벨리우스의 이름에서 왔다)는 양태론이다. 한 하나님이 자신을 성부, 성자, 성령으로 다양하게 나타내시지만, 그들은 구별된 위격이 아니고, 오직 역할이나 존재 양태일 뿐이라는 가르침이다.
10) 요한은 이사야가 거룩하신 주님, 여섯 날개를 가진 스랍들의 찬송을 받고 계신 주님과 놀라운 만남을 하게 되었을 때 그 경험은 적어도 하나님의 아들의 영광을 본 것을 포함했다고 적고 있다. 사 6:1–10과 요 12:40–41을 비교해보라.
11) 찰스 웨슬리(1707–1778)의 찬송시 "천사 찬송하기를"에서 발췌.
12) 에드워드 캐즈월(1814–1878)의 찬송시 "보라! 낮고 천한 말구유에"에서 발췌.
13) 사 6:4, 6–7 참고. 그 이후로 이사야는 하나님을 "거룩하신 이"로 본다.
14) 히 2:14에서 강조하는 요점이다.
15) 다마스쿠스의 요한(A.D. 675–749), 정통 신앙 해설, 니케아 및 그 이후 교부들, 두 번째 시리즈, P. 샤프 and H. 와이어 편집, S. D. F. 살몬드 역(repr. Peabody MS: Hendrickson Publishers, 2004), vol. 9, 푸아티에의 힐러리 및 다마스쿠스의 요한. 다마스쿠스의 요한 섹션의 86쪽에서 인용.
16) 예수님의 출생에서 마리아는 당연히 '능동적'이었다. 초자연적이었던 것은 예수님의 출생이 아니라 수태였기 때문이다. 따라서 예수님의 출생은 완벽하게 자연적이었다. 마리아 역시 창 3:16 "네가 수고하고 자식을 낳을 것이며"라는 하나님 말씀의 성취를 느꼈을 것이 틀림없다.
17) 요 3장, 4장, 11장 참고.
18) 롬 3:23의 바울의 발언 참고. 바울은 "모든 사람이 죄를 범하였으매"라고 기록한다. 당연히 이것은 하나님의 계명을 어긴 것과 관련된다. 하지만 여기서 사도 바울은 하나님의 영광이라는 보다 큰 캔버스에 죄를 그린다. 그것은 하나님이 자신의 모든 신적인 위격과 속성 안에 계심을 표현한 것이다.
19) 벤저민 러셀 햄비(1833–1867)의 찬송시 "마구간에 계신 이 누구신가"에서 발췌.

2. 요단강 – 세례

1) 1947년에 발견된 소위 '사해사본'과 관련된 사람들이다. 그들은 사해의 북서쪽 끝에 있는 동굴에 살았다.
2) 말 4:5-6. 마 11:13-14 참고.
3) 세례요한의 어머니인 엘리자베스는 예수님의 어머니인 마리아의 '친척'이었다. 눅 1:36.
4) 고전 10:1-2. 이 사건 자체는 출 14:1-31에 묘사되어 있다.
5) 사 42장, 49장, 50장, 52-53장에 들어있다.
6) 존 칼빈, *그리스도의 신성에 관한 설교*, 리로이 닉슨 편역 (Grand Rapids: Wm B. Eerdmans, 1950), 52쪽.
7) 세실 프란시스 알렉산더(1818-95)의 찬송시 "저 멀리 푸른 언덕 있네"에서 발췌.
8) "여기서는 독수리가 멀리 날아가기 전에 새끼 위를 맴도는(hover) 행위를 묘사한다." 고든 J. 웬함, *창세기 1-15장* (Waco, TX: Word Books, 1987), 17쪽. 이 동사가 다른 곳에서 사용된 유일한 예는 신 32:11이다.
9) 마 17:5; 요 12:27-8 참고.
10) 창 22:2 참고.
11) 행 4:23-31 참고.
12) 네드 B. 스톤하우스, *J. 그레샴 메이첸, 일대기의 회고록* (Grand Rapids, MI: Wm B. Eerdmans, 1955), 508쪽.

3. 광야 – 시험

1) 마가는 시험에 관한 짧지만 의미심장한 기사에서 훨씬 더 강력한 동사를 사용한다. "성령이 곧 예수를 광야로 **몰아내신지라**"(막 1:12).
2) 바울은 예수님을 이렇게 묘사한다. 그 이유는 (1) 다른 사람들과의 관계에서 이와 같이 독특한 관계로 기능했던 사람은 아담 이후 예수님이 유일하기 때문이다. (2) 아담이 실패했던 곳에서 예수님이 성공하시기 때문에 더 이상 다른 아담은 필요 없기 때문이다. 예수님은 마지막 아담이시다.

3) (이 구절들에서만 발견되는 것은 아니지만) 특별히 롬 5:12-21과 고전 15:21-28 참고.
4) 마르틴 루터(1483-1546), "우리 하나님은 여전히 안전한 요새이시다." 이 버전은 토마스 칼라일(1795-1881)이 번역했다.
5) 레지널드 히버(1783-1826)의 찬송시 "하나님의 아들이 왕관을 얻으려 전쟁에 나가신다"를 암시한다. "거룩, 거룩, 거룩"이라는 찬송시로 유명한 히버는 1823년부터 죽을 때까지 인도 캘커타의 주교였다.
6) 마 11:4-6. 사 35:4-6; 61:1-2 참고.
7) 눅 4:3, 마 4:3 비교.
8) (항상 그렇게 이해되지는 않지만) 이것이 '만일'의 일반적 해석이다. '**이렇기 때문에** 다음과 같다.'라는 의미를 전달한다. 전문적인 문법으로는 논쟁을 위해 진술이 사실이라고 가정하는 '제1조건문'이다. 존 뉴턴의 찬송시 "우리 하나님의 시온성에서 주님의 영광스런 일들이 선포되도다"가 좋은 예시를 제공한다. "구주시여, **만일** 제가 은혜를 통해 시온성의 구성원이 된다면, 세상이 조롱하고 동정해도, 저는 주님의 이름으로 기뻐할 것입니다." 우리가 속해 있던 교회에서 어떤 사람이 조직적으로 찬송가에서 '만일'이라는 단어에 선을 그어 삭제하고는 '-때문에'라는 단어로 대체한 적이 있다. 아마도 그(그녀)는 이것이 제1조건문에 해당된다는 사실을 인식하지 못했을 것이다. 아니면 그렇게 더 눈에 띄게 함으로써 그 찬송을 부르는 모든 사람이 그것을 확실히 깨닫기 원했을 수도 있다!
9) 창 1:28.
10) "하나님이 동방의 에덴에 동산을 창설하시고 그 지으신 사람을 거기 두셨다"(창 2:8)는 사실은 지구 전체가 에덴이 아니었음을 암시한다. 아담의 통치, 혹은 왕으로서의 역할은 작은 창조주가 되는 것이다. 그의 아버지는 아담에게 시작을 주셨고, 아담이 그분의 영광을 위해 온 땅을 '돌보는' 임무를 완수하도록 격려하신다.
11) 창 2:15. 이 언어는 성전을 지키는 제사장들의 임무를 위해 사용된 어휘를 연상시킨다. 민 1:53, 3:7, 8, 32, 8:26, 18:2-5.
12) 존재론적으로=그의 신적 존재의 관점에서; 하나님의 구원사역 안에서=그가 우리의 인간 본성으로 사역하는 관점에서.
13) 마귀가 다시금 "하나님의 아들"이신 예수님에게 호소한다는 사실에 주목하라. 두 번째 시

험에서는 그것이 교묘하게 빠져 있다. 마귀는 왜 예수님께 자신이 하나님의 아들이라는 걸 상기시키고 이 세상의 신 앞에 절하라고 권했을까?

14) 마 2:1-12와 28:18-20 참고.
15) 이 인용구는 시 91:11-12에서 발췌.
16) 이 말은 예수님이 성부 하나님을 시험하지 않을 것이라는 뜻이다. 예수님이 하나님이시기 때문에 마귀가 하나님을 시험해서는 안 된다는 뜻이 아니다. 후자는 부적절한 방어다. 사실상 마귀가 하나님을 시험하고 있기 때문이다.
17) 첫 번째 유혹에서는 신 8:3을, 두 번째 유혹에서는 신 6:13을 인용하셨다.
18) 창 3:1, 4 참고. 여기서 사탄은 똑같은 짓을 했다.
19) 눅 24:26, 46 참고.
20) 존 헨리 뉴먼(1801-1890)의 찬송시 "높은 곳에 계신 거룩하신 분께 찬양 드리세"에서 발췌. 이것은 그의 시 *제론티우스의 꿈*(1900년에 에드워드 엘가가 곡을 붙였다)의 일부이고 종종 그의 걸작 중 하나로 꼽힌다. 뉴먼의 로마 가톨릭주의가 "높은 곳에 계신 거룩하신 분께 찬양 드리세"를 포함하여 시 곳곳에 스며들어 있다. 그럼에도 불구하고 이 두 구절은 성경적 신학을 강력히 표현한다.

4. 변화산 – 변모

1) 킹 제임스 버전은 "그에게는 고운 모양이나 어여쁨이 없다. 그래서 우리가 그를 볼 때에, 그를 갈망할 만한 아름다움이 없다"라고 번역한다.
2) 외경이자 성인(聖人)들의 전기로 알려진, *바울과 데클라의 행전* II. 3(2세기 말로 추정된다)에서 발견된다. "중간 정도의 체격을 가진 남성이었고, 머리카락 숱은 적었으며, 다리는 조금 굽어 있었고, 무릎은 돌출해 있었다. 큰(혹은 푸른) 눈을 가지고 있었고, 눈썹은 이어져 있었으며, 코는 다소 길었다. 은혜와 자비가 충만했기 때문에 어떤 때는 인간으로 보였고, 어떤 때는 천사로 보였다."
3) 이것은 아마도 자신의 죽음, 부활, 승천, 오순절의 성령 강림을 통해 도래하게 될 나라에 대한 언급일 것이다.

4) 이 개념은 이미 호세아의 예언에서 보이기 시작한다. 참고 호 11:1과 마 2:15.
5) 원칙에 관해서는 신 17:6, 19:15 참고.
6) 누가복음에서 이 동사가 본문 이외에 사용된 경우는 오직 여기뿐이다.
7) 마 17:9와 막 9:9 참고.

5. 겟세마네동산 – 결단
1) 마 26:39, 42, 27:46 참조.
2) 누가가 처음으로 동일한 설명을 들었던 것도 마리아를 통해서였을 것이다. 눅 1:5-2:52는 예수님의 가족 내에서 나온 것이다.
3) J. B. 라이트푸트, *바울이 빌립보 교인들에게 보낸 서신 주석* (Lodon: MacMillan, 1913), 123쪽.
4) 엘리자베스 클레파네(1830-1869)의 찬송시 "안전하게 누운 아흔아홉 마리가 있었네"에서 발췌.
5) 세실 프란시스 알렉산더(1818-1895)의 찬송시 "저 멀리 푸른 언덕이 있네"에서 발췌.
6) 북아메리카 토양에서 했던 역대 가장 유명한 설교의 제목이다. 조나단 에드워즈(1703-1758), *조나단 에드워즈 작품집*(1834, 재판, Edinburgh: Banner of Truth Trust, 1974), vol. 2, 7-12쪽.
7) 이 용어는 *칼케돈 신앙고백*(A.D. 451)에서 빌려왔다.
8) 헬라어 '하나'(모노스)와 '의지'(텔레마)에서 왔다.
9) 눅 22:53과 요 17:1 참고. "때"에 대한 다른 참고구절은 마 26:45; 막 14:35; 눅 22:53; 요 2:4, 7:30, 8:20, 12:23, 27, 13:1, 16:32, 17:1.
10) 요 2:4에 기록된 어머니께 드린 말씀 참조.
11) 예를 들어 사 51:17, 22; 렘 25:15, 17; 겔 23:31-33; 합 2:16 참고.
12) 바울에게도 아니다. 고후 12:8 참고.
13) C. E. B. 크랜필드, *성 마가가 전해준 복음: 주석* (Cambridge: Cambridge University Press, 1959), 431쪽에서 인용.

14) 윌리엄 피더스톤(1846-1873)의 찬송시 "나의 예수님, 제가 당신을 사랑합니다, 당신이 제 것임을 압니다"에서 발췌. 피더스톤은 십대 시절에 이 찬송시를 썼다.
15) 시 91:11-13. 누가는 그런 천사의 사역을 기록한다. 눅 22:43.
16) 요 14:30에서도 "이 세상의 임금"인 사탄과 싸우는 상황에서 사용된다.
17) 창 3:15; 시 91:13; 사 65:25.

6. 십자가 – 수난
1) 막 14:51-52 "한 청년이 벗은 몸에 베 홑이불을 두르고 예수를 따라가다가 무리에게 잡히매 베 홑이불을 버리고 벗은 몸으로 도망하니라"
2) 사람이 밤에 이렇게 재판받는 것은 율법에도, 자연법에도 반(反)한다.
3) 단 7:9-28 참고. '인자'는 예수님께서 자신을 묘사하시기 위해 선택하신 방식이다.
4) 눅 22:61의 "주의 말씀"은 의심할 바 없이 눅 22:31-32를 가리킨다.
5) 파울 게르하르트(1607-1676) 작사, J. W. 알렉산더(1804-1859) 역.
6) 아이작 왓츠(1674-1748).
7) "놀라운 십자가를 내가 바라볼 때"의 마지막 가사다.
8) 세실 프란시스 알렉산더(1818-1895).
9) 필립 P. 블리스(1838-1876).
10) 키케로(B.C. 5세기 중반 경에 행해진 연설 중에서) *Pro Rabirio Postumo*, V.16.
11) 히 12:2. 또한 저자는 그런 식으로 부여된 수치심을 다루는 유일한 방법은 그것을 '개의치 않는' 것이라고 알려준다. 그렇게 하기 위해서 사람은 반드시 자기가 경험하고자 하는 더 위대한 목표와 목적에 시선을 고정시켜야 한다.
12) 막 14:65. 이 소름끼치는 '장님술래놀이'에서 영적인 장님이 신체적으로 눈이 가려진 예수님을 비웃고 누가 쳤는지 볼 수 있냐고 물으며 조롱한다(선지자에 해당하는 히브리어 중에는 '로에' 곧 '보는 자'가 있다).
13) 막 15:15. 성경 번역에서는 드물게, ESV는 여기에 해설을 위한 각주를 첨가한다.
14) J. 알렉 모티어, *이사야의 예언* (Leicester: Inter-Varsity Press, 1993), 425쪽.

15) 로 16:13의 루포가 막 15:21의 루포라면 가족 전부가 제자가 된 듯하다.
16) 롬 8:32; 고후 5:21; 갈 2:20, 3:13 참고.

7. 무덤 – 부활

1) 존 스토트, 논쟁자 그리스도 (Downers Grove: Inter-Varsity Press, 1970), 63쪽.
2) (안식일을 포함해서) 하루는 태양이 질 때부터 다음 태양이 질 때까지로 측정되었다. 오늘날처럼 자정부터 다음 자정까지가 아니었다.
3) '예수 세미나'는 1985년에 설립되었고 대략 150명의 학자로 구성되어 있었다. 그들은 복음서 내용의 역사성 등을 투표로 결정했다. 언제나 기본적으로 회의적인 추측에서 시작했는데, 증명의 부담은 복음서 안에 무엇이라도 진짜가 있다고 믿는 사람에게 지워졌다. 비평의 기준은 전혀 역사적이지 않은 문서의 연구에서 가져왔다.
4) 유골단지란 연조직이 썩어진 몸의 뼈들을 보관하는 그릇이다. 관보다 작은 이 유골단지들은 하나의 무덤이 상당히 많은 사람의 잔해를 보유할 수 있음을 의미했다.
5) 그리스도의 부활의 역사성을 폄하하려는 여러 가지 시도들을 심도 깊게 평가한 글로는 개리 R. 하버마스 & 마이클 R. 리코나, 예수의 부활 사건 (Grand Rapids: Kregel, 2004), 리처드 보캄, 예수와 목격자들: 목격자의 증언으로서의 복음서 (Grand Rapids: Wm B. Eerdmans, 2006)를 참고하라.
6) 마 27:62-66. 산헤드린은 유대인의 통치 기구였다.
7) 요 21:20-23의 내러티브 역시 이 점을 암시하는지도 모른다. 만약 그렇다면, 노인이 된 요한이 자기는 여전히 살아있는데 소년시절의 친구이자 동료제자는 제자됨의 궁극적 대가를 지불했다(베드로의 순교를 가리킨다—역주)는 것을 알고 있었으리라는 생각에 가슴이 뭉클하다.
8) 요한이 계 21-22장에서 이것이 어떻게 성취되는지 보았음에 주목하라. 하나님께서 만물을 '새롭게' 하실 때(계 21:5), 세상의 마지막 운명은 일제히 ① 새 하늘과 새 땅, ② 거룩한 성, 새 예루살렘, ③ 하나님의 영광이 만천하에 드러나는, 우주적 성전, ④ 완벽하게 세련된, 새 에덴(계 21:1-5)이다.

9) 이와 유사한 관점은 히 2:11-12, 14-17; 롬 8:16-17, 29 참고.
10) 사도들에 의해 직접 쓰인 것은 아니지만, 사도신경은 사도들의 가르침의 요약본으로서 수 세기 동안 교회를 섬겨왔다.

"전능하사 천지를 만드신 하나님 아버지를 내가 믿사오며,
그 외아들 우리 주 예수 그리스도를 믿사오니,
이는 성령으로 잉태하사 동정녀 마리아에게 나시고,
본디오 빌라도에게 고난을 받으사, 십자가에 못 박혀 죽으시고,
장사한 지 사흘 만에 죽은 자 가운데서 다시 살아나시며,
하늘에 오르사, 전능하신 하나님 우편에 앉아 계시다가,
저리로서 산 자와 죽은 자를 심판하러 오시리라.
성령을 믿사오며, 거룩한 공회와, 성도가 서로 교통하는 것과,
죄를 사하여 주시는 것과, 몸이 다시 사는 것과,
영원히 사는 것을 믿사옵나이다. 아멘."

11) 존 번연, 천로역정, N. H. 키블이 서문과 각주를 달아 편집 (Oxford: Oxford University Press, 1984), 48쪽.
12) 존 뉴턴(1725-1807)의 찬송시 "내 영혼아, 속죄소로 가까이 가라"에서 발췌.
13) 니콜라우스 L. 폰 진젠도르프(1700-1760)의 "그리스도의 보혈과 칭의"에서 발췌. 존 웨슬리 역.
14) 윌리엄 셰익스피어, 덴마크의 왕자, 햄릿, 제1장, 제5장.

8. 보좌 – 승천

1) 7장의 각주 10번 참고.
2) 행 1:4. 여기서의 '약속'은 오순절에 그리스도의 영을 선물로 주시겠다는 약속이다.
3) 존 칼빈, 사도들의 행전, 1-13, J. W. 프레이저, W. J. G. 맥도널드 역, D. W. and T. F. 토랜스 편집 (Edinburgh: Oliver and Boyd, 1965), 29쪽.
4) 찰스 웨슬리(1707-1788)의 친송시 "하나님의 사랑은 모든 사랑을 능가하도다"의 마지막 구

절에 대한 언급이다.
5) 존 플라벨, *존 플라벨의 작품집*, 6 volumes (reprinted London: Banner of Truth Trust, 1968), I:508쪽.
6) 프랜시스 리들리 하버갈(1836-1879)의 찬송시 "금 하프가 울린다"의 후렴에서 발췌.
7) C. S. 루이스, *기적* (New York: Simon & Schuster, 1996), 204-208쪽에서 논의된 토론 참고.
8) 인용문은 시 16:8-11에서 인용.
9) 존 M. 브렌트놀, ed. *수다쟁이 존 던컨 박사의 명언* (Edinburgh: Banner of Truth Trust, 1997), 29쪽. 존 던컨(1796-1870)은 처음에는 글라스고우에서, 1841-1843년의 짧은 기간 동안은 부다페스트에서 목회자로 섬겼다. 그 후 에든버러에 있는 스코틀랜드 칼리지의 자유 교회에서 히브리어 교수가 되었다. 그는 특이한 은사를 가진 사람이었는데, 다른 어떤 문학적 문장들보다도 지혜롭고 간결한 명언들로 더 잘 알려져 있었다.
10) 오순절과 그 의미에 대한 더 깊은 해설을 위해서는 다음을 참고. 싱클레어 B. 퍼거슨, *성령* (Nottingham: Inter-Varsity Press, 1997), 57-59쪽.
11) 인용된 표현은 리덜보스의 것이다. H. N. 리덜보스, *바울: 바울 신학 개관*, J. R. 드 위트 역 (Grand Rapids: Wm B. Eerdmans, 1975), 487-562쪽.

9. 귀환 - 재림
1) 존 트랩, *신약의 모든 책에 대한 주석 또는 주해* (London: 1666), 1031쪽.
2) H. N. 리덜보스, *바울: 바울 신학 개관*, J. R. 드 위트 역 (Grand Rapids: Wm B. Eerdmans, 1975), 487-562쪽.
3) 이것은 요한의 말에 대한 한 가지 해석을 제공할 수 있다. "내가 보니 하나님의 말씀과 그들이 가진 증거로 말미암아 죽임을 당한 영혼들이 제단 아래에 있어… 각각 그들에게 흰 두루마기를 주시며 이르시되 아직 잠시 동안 쉬되"(계 6:9, 11).
4) 벧후 3:16. 베드로는 바울이 '어렵다'고 고발하는 게 아니라 그저 바울이 '알기 어려운 것'에 관해 썼다는 사실을 깨닫고 있다.

5) '휴거'라는 용어는 "우리 살아남은 자들도 그들과 함께 구름 속으로 끌어 올려"(살전 4:17)라는 바울의 진술에서 비롯된다.
6) 마 6:10. 예수님의 말씀은 심령이 가난한 자와 박해당하는 자에 의해 천국이 현재적으로 소유된다는 맥락에서 읽혀야 한다(마 5:3, 11).
7) 계 19:20. 구약의 예언은 **문자적으로** 해석하려고 고집하는 반면, 요한계시록을 읽을 때에는 상징적 해석이 채택된다는 것이 이 접근법의 이상한 점이다. *e.g.* 메뚜기가 헬리콥터가 된다. *etc.*
8) 알프레드 테니슨 경의 "추도문"이라는 시의 마지막 구절.
9) 윌리엄 카우퍼(1731-1800)의 찬송시 "보혈로 가득한 샘이 있네"에서 인용.
10) 아이작 왓츠 (1674-1748)의 찬송시 "태양이 있는 곳마다 예수님이 통치하신다"에서 발췌. 이 찬송시는 시편 72편에 기초한다.
11) 요한계시록의 주석가들 중에는 이 단어들이 (계시록 전체의 다른 단어들과 더불어) A.D. 70년 예루살렘의 멸망을 언급하기 위해 취해졌다고 주장한다. 하지만 이 견해는 소수의 관점이었고, 이 책에서는 단 하나도 채택되지 않았다. 더 완전한 설명을 원하면 데릭 W. H. 토마스, 요한계시록을 연구하자 (Edinburgh: Banner of Truth Trust, 2003)를 보라.
12) 마 17:2; 막 9:2, 메타몰포오.
13) 고후 3:18. 성령께서 이미 그리스도인 안에서 시작하신 과정이 그때 완성될 것이다. 바울도 여기에서 동사 메타몰포오를 사용한다.
14) 행 3:15, 5:31; 히 2:10, 12:2.
15) 윌리엄 카우퍼(1731-1800)의 찬송시 "보혈로 가득한 샘이 있네"에서 인용. 본래 제목은 "열린 샘으로 인해 찬양하라"다.
16) 올니 찬송가라는 이름으로 출간된 이 책에는 뉴턴과 카우퍼가 쓴 348개의 찬송가가 들어있다. 존 뉴턴 작품집 (Edinburgh: Banner of Truth Trust, 2015, new edition) 4 vols의 제2권에 들어있다.
17) "참여함"이라는 용어는 헬라어 코이노니아, 곧 친교, 교제에 대한 번역이다(그래서 성찬은 종종 '교제'라고 불린다).

사명선언문

너희가 흠이 없고 순전하여……세상에서 그들 가운데 빛들로
나타내며 생명의 말씀을 밝혀 _ 빌 2:15-16

1. 생명을 담겠습니다
만드는 책에 주신 생명을 담겠습니다.
그 책으로 복음을 선포하겠습니다.

2. 말씀을 밝히겠습니다
생명의 근본은 말씀입니다.
말씀을 밝혀 성도와 교회의 성장을 돕겠습니다.

3. 빛이 되겠습니다
시대와 영혼의 어두움을 밝혀 주님 앞으로 이끄는
빛이 되는 책을 만들겠습니다.

4. 순전히 행하겠습니다
책을 만들고 전하는 일과 경영하는 일에 부끄러움이 없는
정직함으로 행하겠습니다.

5. 끝까지 전파하겠습니다
모든 사람에게, 땅 끝까지, 주님 오시는 그날까지
복음을 전하는 사명을 다하겠습니다.

서점 안내

광화문점 서울시 종로구 새문안로 69 구세군회관 1층
02)737-2288(T) 02)737-4623(F)

강남점 서울시 서초구 신반포로 177 반포쇼핑타운 3동 2층
02)595-1211(T) 02)595-3549(F)

구로점 서울시 구로구 시흥대로 577 3층
02)858-8744(T) 02)838-0653(F)

노원점 서울시 노원구 동일로 1366 삼봉빌딩 지하 1층
02)938-7979(T) 02)3391-6169(F)

분당점 경기도 성남시 분당구 황새울로 315 대현빌딩 3층
031)707-5566(T) 031)707-4999(F)

신촌점 서울시 마포구 서강로 144 동인빌딩 8층
02)702-1411(T) 02)702-1131(F)

일산점 경기도 고양시 일산서구 중앙로 1391 레이크타운 지하 1층
031)916-8787(T) 031)916-8788(F)

의정부점 경기도 의정부시 청사로47번길 12 성산타워 3층
031)845-0600(T) 031) 852-6930(F)

인터넷서점 www.lifebook.co.kr